GOLDMANN

Buch

David Feldman hat in den USA einen grandiosen Trend kreiert – eine wahre »Feldmania«. Denn seine blitzgescheiten Erklärungen für ganz alltägliche, aber nichtsdestoweniger merkwürdige Phänomene sind ebenso verblüffend wie witzig und informativ.
Für sein neues Buch hat er wieder Fragen aus dem Bereich des Unerklärlichen gesammelt, die ihm von seiner riesigen Fangemeinde gestellt wurden. Zum Beispiel: Warum sind Gondeln immer schwarz? Warum sind auf Fotos Augen manchmal rot? Warum essen die Chinesen mit Stäbchen? Wie reinigen die Känguruhs ihre Beutel? Warum haben Hunde feuchte Nasen?

Autor

David Feldman studierte Kommunikationswissenschaften und arbeitete danach bei verschiedenen Medienanstalten. Bislang schrieb er sechs Bücher über die »Feldmania«. Er lebt in New York.

Als Goldmann-Taschenbücher sind bereits erschienen

Warum ist die Banane krumm? (42333)
Was ist des Pudels Kern? (42332)

DAVID FELDMAN

Haben Pinguine Knie?

Das große Buch der Feldmania

Die besten Antworten auf die tausend ungelösten Rätsel unseres Alltags

Deutsch von Kirsten Spieldiener

GOLDMANN VERLAG

Titel der amerikanischen Originalausgabe:
»Do Penguins Have Knees?« und
»Why Do Dogs Have Wet Noses?«

Umwelthinweis:
Alle bedruckten Materialien dieses Taschenbuches
sind chlorfrei und umweltschonend.
Das Papier enthält Recycling-Anteile.

Der Goldmann Verlag
ist ein Unternehmen der Verlagsgruppe Bertelsmann

Deutsche Erstveröffentlichung 8/95

Umschlaggestaltung und -illustration:
Design Team München
Druck: Elsnerdruck, Berlin
Verlagsnummer: 43058
Lektorat: Martina Klüver
Redaktion: Regina Winter
Herstellung: Sebastian Strohmaier
Made in Germany
ISBN 3-442-43058-5

1 3 5 7 9 10 8 6 4 2

Inhalt

1

WARUM sieht und bemerkt man einen Mückenstich erst dann, wenn er anfängt zu jucken?

Es handelt sich vermutlich um eine Gnade von Mutter Natur, daß man einen Mückenstich nicht sofort merkt. Würden wir spüren, daß die Mücke ihren Stachel in unser Fleisch bohrt, wäre vielleicht wilde Panik die Folge, um so mehr noch, als der eigentliche Stich länger dauert, als wir für gewöhnlich annehmen.
Die weiblichen Stechmücken haben's nämlich gar nicht eilig. Ganz im Gegenteil: Sie verweilen mindestens eine Minute lang auf ihrem Opfer, bevor sie zustechen. Stechmücken sind so leicht und ihre Stechtechnik ist derart trickreich und raffiniert, daß die meisten Menschen von der Attacke gar nichts mitbekommen, selbst wenn das kleine Insekt sich fünf Minuten oder länger auf ihnen aufhält.
Wenn sich die Mücke schließlich zum Angriff entscheidet und ihren Stachel in ein nettes, saftiges Blutgefäß bohrt, dann dauert dieser Vorgang etwa eine Minute. Sie ölt ihre Beißwerkzeuge mit ihrem eigenen Speichel und saugt anschließend bis zu drei Minuten lang, bis ihr Magen zum Platzen voll ist. Innerhalb weniger Sekunden zieht sie ihre Saugwerkzeuge dann wieder aus dem Fleisch des Opfers und schwirrt davon, um ihre Eier abzulegen – schließlich hat sie kein Interesse daran, sich

auf der Liste der vom Aussterben bedrohten Arten wiederzufinden.

Nur sehr wenige und überaus sensible Mitmenschen spüren bereits im Augenblick der Tat, daß sie gestochen werden. Die meisten Mücken-Opfer bemerken erst lange, nachdem die Mücke das Weite gesucht hat, das spezielle Jucken (in manchen Fällen kann es auch ein Schmerz sein). Das Jucken rührt allerdings nicht etwa vom Stich oder dem Blutverlust her, sondern vom Speichel der Mücke, der nicht nur als »Schmiermittel« beim Beißen, sondern auch als Betäubungsmittel für den Gebissenen dient. Für die meisten Menschen ist dieser Speichel ein Segen, denn dank ihm merken sie nicht, daß sie von einem blutrünstigen Insekt angefallen werden. Unglücklicherweise aber enthält der Speichel der Mücke Anti-Gerinnungsstoffe, die bei vielen Menschen allergische Reaktionen hervorrufen. Und diese allergische Reaktion, nicht etwa der Stich selbst, verursacht die kleinen Schwellungen und das gar so unangenehme Jucken, das immer wieder die Frage aufkommen läßt, warum es eigentlich Mücken geben muß. Ohne sie wäre die Welt um einiges schöner . . .

Eingesandt von Alesia Richards aus Erie, Pennsylvania.

2

WARUM erscheint einem Milch, die aus dem Kühlschrank kommt, weniger kalt als Wasser oder Limonade aus demselben Kühlschrank?

Natürlich ist die Milch ebenso kalt wie das Wasser oder die Limonade aus demselben Kühlschrank. Wenn es Ihnen eines Samstagabends mal wieder so richtig langweilig ist, können Sie ja die Probe aufs Exempel machen und ein Thermometer in die verschiedenen Flüssigkeiten hängen.

Tatsache ist nur, daß uns Milch, die ebenso kalt wie Wasser oder Limonade ist, weniger kalt erscheint, weil sie Fett enthält. Dieses Fett, winzige feste Partikel, kommt uns weniger kalt vor als Flüssigkeiten. Wenn der Milch-, Wasser- und Limonadentest Ihnen noch nicht aufregend genug war, können Sie in Ihrem Gefrierfach einen weiteren Versuch durchführen, der dasselbe Prinzip demonstriert. Lagern Sie in Ihrem Gefrierfach eine Packung cremiges Milchspeiseeis mit hohem Fettgehalt und eine Packung Fruchtsorbet oder Wassereis ein. Dann probieren Sie von jeder Packung. Jede Wette, daß Ihnen das Fruchteis wesentlich kälter als das Milchspeiseeis vorkommt. Der Forschung zuliebe haben wir dieses Experiment erst vor kurzem unter besonders strengen Bedingungen durchgeführt, und da die wissenschaftliche Genauigkeit und Zuverlässigkeit um jeden Preis sichergestellt sein sollte, wurden die Tests mit vielen unterschiedlichen Sorten von Milch- und Fruchteis durchgeführt. Was tun wir nicht alles für unsere Leser!

Eingesandt von Pat O'Connor aus Forest Hills, New York.

3

WARUM *haben Cowboyhüte oben immer eine Delle?*

Natürlich haben nicht *alle* Cowboyhüte oben eine Delle. Was ist zum Beispiel mit dem von George Strait? Oder dem von Dan Blocker, allseits bekannt als Hoss aus der Serie *Bonanza*?

Die allermeisten Cowboyhüte *haben* allerdings eine Delle, die an einen riesig großen Zahn erinnert. Und niemand, den wir dazu befragt haben, konnte uns eine andere Erklärung geben, als daß diese Delle einfach zum besonderen Stil der Cowboyhüte gehört. Ralph Beatty, der Direktor der Western/English Retailers of America, vermutet, daß früher Cowboyhüte die Delle durchs Tragen bekamen und sie erst später mit Absicht hinzugefügt wurde.

Ein Vertreiber von Cowboyhüten, der lieber anonym bleiben wollte, sagte uns: »Seien wir doch ehrlich: Ohne die Delle würden wir wie Idioten aussehen.«

Wir fragen uns, ob er das auch Dan Blocker ins Gesicht gesagt hätte.

Eingesandt von Lisa R. Bell aus Atlanta, Georgia.

4

WARUM klicken die Hinterräder von Fahrrädern, wenn man im Leerlauf oder rückwärts tritt?

Gibt es auf dieser Welt ein Kind, das ein Fahrrad besitzt und sich diese Frage noch nie gestellt hat? Die Antwort darauf bekamen wir von Dennis Patterson von der Murray Ohio Manufacturing Company:

> Das Klicken tritt nur bei sogenannten Nabenschaltungen auf. Nabenschaltungen weisen einen Mechanismus auf, bei dem ein Sporn in ein Zahnrad einrastet, wenn man vorwärts tritt. Dieser Sporn ist mit einer flexiblen Aufhängung befestigt. Tritt man nun im Leerlauf oder rückwärts, löst sich der Sporn aus dem Zahnrad und klickert lose darüber. Sobald man wieder vorwärts tritt, rastet er wieder ein, und das klickende Geräusch verschwindet.

Eingesandt von Harvey Kleinman und Merrill Perlman aus New York, New York.

5

WARUM sind Vogelmännchen bunter als Vogelweibchen? Hat das Vorteile im Hinblick auf die Evolution?

»Sexual-Dimorphismus« lautet der wissenschaftliche Begriff, der das unterschiedliche Erscheinungsbild männlicher und weiblicher Exemplare einer Spezies beschreibt. Charles Darwin befaßte sich im Rahmen seiner Theorie der Sexual-Selektion mit diesem Thema. Er vertrat die Meinung, daß sich bei manchen Vögeln bestimmte äußere Eigenschaften nur als Lockmittel für das andere Geschlecht herausgebildet haben. Wie sonst sollte man den Schweif eines Pfaus erklären, wenn nicht damit, daß er in der Vogelwelt schlicht und einfach das Pendant zu dem Outfit eines Rokoko-Tänzers darstellt? Kathleen Etchpare, Mitherausgeberin der Zeitschrift *Bird Talk,* brachte es auf den Punkt: »Was die Vorteile bezüglich der Evolution angeht, so spricht die Anzahl der Vögel in unserer heutigen Welt für sich.«
Das mag stimmen, aber auf der anderen Seite gibt es in unserer heutigen Welt auch jede Menge Küchenschaben – und die haben sich in ganz beachtlichem Maße vermehrt, auch ohne daß die Männchen ein besonders farbenfrohes Äußeres hätten. Viele Ornithologen sind der Ansicht, daß der Hauptgrund des Sexual-Dimorphismus die Aussendung einer visuellen Botschaft an die natürlichen Feinde ist. Während die Weibchen brüten

und sich um den Nachwuchs kümmern, sind sie nicht in der Lage, ihren natürlichen Feinden die Stirn zu bieten. Michele Ball von der National Audubon Society sagt, daß es »für die Weibchen besser ist, ein unauffälliges Federkleid zu tragen, da ihre natürlichen Feinde sie auf diese Weise wesentlich schwerer erkennen können, wenn sie im Nest sitzen.«

Und umgekehrt illustriert das bunte Federkleid vieler Vogelmännchen das Prinzip »Angriff ist die beste Verteidigung«. Vogelmännchen, die ja kein Gelege bebrüten müssen, sind in der Regel größer als ihre Weibchen und daher eher in der Lage, natürliche Feinde in die Flucht zu schlagen. Ihr buntes Gefieder hat möglicherweise die Aufgabe, die Feinde davor zu warnen, daß sie keine leichte Beute vor sich haben. Die meisten Ornithologen sind der Ansicht, daß Vögel über ausreichend Intelligenz verfügen, um die Dimorphismus-Muster anderer Vögel zu erkennen.

Und die meisten Tiere sind ebenso faul wie die Menschen. Hat ein Raubtier die Wahl, so entscheidet es sich immer für die Beute, die am einfachsten zu erlegen ist. Wenn ein natürlicher Feind kein dezent gefärbtes Vogelweibchen finden kann und sich an das auffällig aussehende Vogelmännchen nicht herantraut, wird er sich seine Beute möglicherweise innerhalb einer anderen Spezies suchen.

Eingesandt von Karen Riddick aus Dresden, Tennessee.

6

WARUM
steigt in den Straßen von New York Dampf auf?

In der Vergangenheit hat dieser Dampf viel dazu beigetragen, für Filme wie *Taxi Driver* und andere, die in New York spielen, eine bedrohliche, düstere Atmosphäre zu schaffen. Aber auch heute noch sehen wir aus den Kanalisationsschächten von Manhattan ständig Dampf aufsteigen. Warum?

Die Hauptquelle des Dampfs sind die New Yorker Stadtwerke mit Namen Consolidated Edison, die immer noch genug Dampf erzeugen, um mehr als 2000 Kunden in Manhattan zu versorgen. Dampfhitze wird nur in Hochhäusern und großen Fabriken verwendet, denn die dafür notwendigen Anlagen sind für kleine Betriebe und Wohnhäuser viel zu aufwendig.

Entsteht nun in einer Dampfleitung ein Leck, tritt dadurch Dampf aus. Hitze steigt ja bekanntlich immer nach oben und sucht eine Öffnung, durch die sie entweichen kann. Und wodurch könnte der Dampf besser entweichen als durch Kanalisationsschächte und Gullideckel? Martin Gitten von den New Yorker Stadtwerken erklärte uns, daß die Gullideckel mit hohen Kegeln, die oben eine Öffnung aufweisen, abgedeckt werden müssen, wenn in einer Dampfleitung ein größeres Leck auftritt, so daß der Dampf erst über den Fahrzeugen ins Freie tritt. Andernfalls hätten ahnungs-

lose Autofahrer den Eindruck, plötzlich in eine dicke Wolke einzutauchen.
Eine andere Ursache für den Dampf ist das sich unterirdisch ansammelnde Kondenswasser. Dieses Wasser tritt entweder aus kleinen Lecks der Rohre der städtischen Wasserversorgung aus, verdunstet aus den unterirdischen Regenwasser-Auffangbecken oder – die am wenigsten angenehme Variante – aus den Abwässerkanälen.
Und wie kommt es, daß diese Flüssigkeit in Form von Dampf nach oben steigt? Ganz einfach: Weil sie mit den unterirdisch verlegten und kochend heißen Dampfrohren in Berührung gerät.

Eingesandt von Chris McCann aus New York, New York.

7

WIE wurde in den Saloons des Wilden Westens das Bier gekühlt?

Wie es eben gerade möglich war. Die Biertrinker des achtzehnten Jahrhunderts bekamen ihr Getränk nicht so kalt serviert wie wir heute (die aus England stammenden Zeitgenossen hatten – kaum zu glauben – gar eine besondere Vorliebe für erwärmtes Ale, und die haben sie, ebenso wie die Chinesen, auch heute noch), aber selbst betagte Cowboys bevorzugten das Gebräu in kaltem Zustand.

In kühleren Gebieten des Wilden Westens holten die Saloonbesitzer im Winter Eis von den zugefrorenen Seen. John T. McCabe, technischer Direktor der Master Brewers Association of the Americas, sagt, daß die winterliche Ausbeute in Kühlhäusern gelagert wurde, »wo man die Eisblöcke mit Sägespänen isolierte. Mit dieser Methode ließ sich das Eis über Monate hinweg lagern.«

Selbst in wärmeren Regionen, wo es im Winter nicht fror, gab es kalte Gebirgsbäche, derer sich die Saloonbesitzer bedienen konnten. Der Geschichtsexperte William L. Lang schrieb uns, daß die Angestellten der Saloons Zisternen mit kaltem Wasser füllten, um dort die Bierfässer zu lagern.

Und wenn es auch keine kalten Gebirgsbäche gab? Phil Katz, Mitarbeiter des Beer Institute, teilte uns mit, daß man bis ungefähr 1880 viele Saloons unterkellerte und das Bier unter der Erde lagerte, wo es eine Temperatur von etwa 15 Grad Celsius behielt.

Und was war, wenn man gemütlich zu Hause ein kaltes Bier trinken wollte? Laut Lang wurde das Bier in Eimern oder Kübeln auf den Tisch gebracht, und Kinder lieferten es von den Saloons ins Haus.

Bierexperte W. Ray Hyde erklärte uns, daß wir kein Mitleid mit unseren Vorfahren im Wilden Westen haben müssen, die sich noch nicht stolze Besitzer eines Kühlschranks nennen konnten. Vielleicht war das ja die »gute alte Zeit« des amerikanischen Biers:

> Das Bier im Wilden Westen war nicht so kalt, wie wir es heute kennen, aber es war trotzdem erfrischend kühl. Das bewirkte die Verdunstung. Das Bier wurde in früheren Tagen in Holzfässern gelagert, und das Holz nahm die Flüssigkeit auf, die an der Oberfläche des Fasses verdunstete. Mit einigen Grundkenntnissen in der Physik versteht man, welchen kühlenden Effekt dieses Phänomen nach sich zog.
>
> Außerdem sollte nicht unerwähnt bleiben, daß dem Bier damals keine künstliche Kohlensäure zugesetzt wurde. Der geringe Gehalt an natürlicher Kohlensäure hatte zur Folge, daß das Bier nicht sehr kalt sein mußte, um zu erfrischen und gut zu schmecken. Unser heutiges Bier hingegen, dem zusätzlich Kohlensäure beigegeben wird, muß sehr viel kälter serviert werden, so daß der scharfe Geschmack des überschüssigen Kohlendioxids nicht unangenehm in Erscheinung tritt.

Eingesandt von Dr. Robert Eufemia
aus Washington, D. C.

8

WARUM werden Straßenbeläge mit zunehmendem Alter heller?

Unser Fragesteller schrieb uns folgendes:

> Wenn eine Straße frisch asphaltiert wird, ist ihre Oberfläche tiefschwarz. Warum wird sie aber nach einigen Jahren grau? Dieses Phänomen kann man beobachten, wenn die Straße stellenweise ausgebessert wird. Die neuasphaltierten Flecken sind im Gegensatz zu der restlichen Fahrbahn wesentlich dunkler. Selbst Flecken, die erst ein Jahr alt sind, erscheinen viel heller als ganz neue.
>
> Man sollte eigentlich annehmen, daß Schmutz und Abrieb der Autoreifen die Fahrbahnoberfläche eher dunkler machen, aber auf keinen Fall heller.

Einen Haken hat Ihre Frage, Bill. Straßenbeläge sind nicht rein schwarz, wie wir von Amy Steiner von der American Association of State Highway and Transportation Officials erfuhren:

> Straßenbeläge bestehen in erster Linie aus Asphalt und Steinen. Die Asphaltschicht bedeckt die geschotterte Trasse und gibt der Fahrbahnoberfläche ihr schwarzes Aussehen. Fahren nun Autos über die Asphaltschicht, so wird diese immer dünner, und da die Schottersteine heller als der Asphalt sind, erscheint schließlich die gesamte Fahrbahnoberfläche heller.

Ein anderer Grund dafür, daß die Fahrbahnoberfläche heller wird, liegt in der Oxidation. Da die Straße ständig der Luft ausgesetzt ist, wird sie natürlich heller.

Eingesandt von Bill Jelen aus Akron, Ohio.

9

WARUM
muß man bei einem Kassettenrecorder sowohl die »Aufnahme«- als auch die »Abspiel«-Taste drücken, wenn man aufnehmen möchte, bei einem Videorecorder hingegen nur die »Aufnahme«-Taste?

Die von uns befragten Elektronik-Experten bestätigten, daß es den Verbrauchern natürlich wesentlich lieber ist, ihr Gerät – sei es nun ein Kassetten- oder ein Videorecorder – mit nur einem Tastendruck zum Aufnehmen zu bringen. Und alle Experten stimmten darin überein, daß hinsichtlich der Leistungsfähigkeit kein Unterschied zwischen Geräten besteht, bei denen die Aufnahme mit einem Tastendruck oder mit zweien in die Wege geleitet wird. Warum also müssen wir beim Kassettenrecorder zwei Tasten bedienen, um aufnehmen zu können? Es gibt schon wesentlich länger Kassettenrecorder als Videorecorder, und die Antwort auf diese Frage liegt tatsächlich in der Geschichte dieser Geräte. Thomas Mock, leitender Ingenieur der Electronic Industries Association, gab uns die folgende Erklärung:

> In den frühen Kassettenrecordern waren die Tasten mechanisch mit dem Bandantriebsmechanismus verbunden. Die Aufnahmetaste war so konzipiert, daß es nicht möglich war, versehentlich aufzunehmen, während eine Kassette abgespielt wurde. Wollte man aufnehmen, mußte man zuerst die

Aufnahmetaste drücken; auf diese Weise wurde festgestellt, ob der Überspielschutz intakt war oder nicht. Durfte die Kassette überspielt werden, ließ sich auch die Abspieltaste drücken, und die Aufnahme erfolgte. Modernere Geräte, sowohl Kassetten- als auch Videorecorder, haben elektronische Kontrollmechanismen, die überprüfen, ob die jeweilige Kassette mit Überspielschutz versehen ist oder überspielt werden darf. Diese Vorkehrung erlaubt, sich auf einen einzigen Knopfdruck zu beschränken – entweder direkt am Gerät, über Fernbedienung oder per vorprogrammierter Zeitschaltung.

William J. Goffi von der Maxwell Corporation teilte uns mit, daß sich viele Hersteller aus der Unterhaltungselektronik-Branche des Problems bewußt sind und in Zukunft benutzerfreundliche Geräte produzieren werden, bei denen man zum Aufnehmen nur eine einzige Taste drücken muß.

Eingesandt von Richard Stans aus Baltimore, Maryland.

10

WIE kommen Busfahrer in den Bus, wenn sich der Türgriff innen befindet?

Das kommt ganz auf den Bus an. Laut Robin Diamond von der American Bus Association sind viele der neueren Busse mit einem zentralen Mechanismus ausgestattet; mit einem Schlüssel lassen sich die Türen automatisch öffnen.

Busse des Herstellers Mercedes-Benz weisen, so John Chuhran, Pressesprecher der Firma, einen hydraulischen Türöffnungsmechanismus auf, der mit einem Schlüssel in Gang gesetzt werden kann, der sich an einem »unauffälligen Ort« befindet. In den meisten Fällen ist dieser »unauffällige Ort« eher vorne am Bus als an den Türen selbst gelegen.

Anstelle des Mechanismus, der mit einem Schlüssel in Gang gesetzt wird, trifft man bei einigen Bussen auch einen Hebel oder einen Knopf an, die beide mit Druckluft funktionieren und sich vorne am Bus befinden. Wieder andere verfügen über einen Kippschalter, der sich neben der Tür befindet.

Neben diesen High-tech-Lösungen gibt es für Busfahrer, die sich aus ihrem Vehikel ausgesperrt haben, noch einige andere Möglichkeiten, wieder in ihr Gefährt zu kommen. Karen E. Finkel, Geschäftsführerin der National School Transportation Association, war so freundlich, uns die folgenden Alternativen vorzustellen:

1. Der Bus kann durch den hinteren Notausgang bestiegen werden, der mit einem Griff ausgestattet ist;

2. Stemmen Sie die Tür mit den Händen auf.

Welchen Grund mag es wohl haben, daß die Methode Nummer 2 soviel öfter angewandt wird, als man vermutet?

Eingesandt von Harry C. Wiersdorfer
aus Hamburg, New York.
Gedankt sei ebenfalls Natasha Rogers
aus Webster, New York.

11

WARUM *wird es den Eiskunstläufern bei ihren Pirouetten nicht schwindlig? Sind sie in der Lage, während der Drehung einen bestimmten Punkt zu fixieren?*

Nicht nur unsere Leser interessieren sich für diese Frage, sondern zum Beispiel auch Astronauten, die im Weltraum unter Übelkeit und Schwindelgefühlen leiden. Wir befragten Carole Shulman von der Professional Skaters Guild of America, die uns folgende Erklärung gab:

> Die NASA führte bereits vor einigen Jahren Versuche durch, um eine Antwort auf eben jene Frage zu finden. Untersuchungen haben ergeben, daß sich die Pupillen eines erfahrenen Eiskunstläufers im Gegensatz zu denen eines unerfahrenen Eisläufers während der Drehung nicht bewegen. Und genau jene schnellen Bewegungen des Auges, das versucht, auch während der Drehung bestimmte Dinge zu erkennen, sind schuld an den Schwindelgefühlen. Die Augen eines erfahrenen Eiskunstläufers allerdings fokussieren während einer Pirouette keinen bestimmten festen Punkt, sondern verweilen vielmehr in einer unveränderten Stellung; fokussiert wird der Raum zwischen dem Eiskunstläufer und dem nächstgelegenen Gegenstand. Dieser Blick ist ähnlich dem eines Menschen, der in einen Tagtraum versunken ist.

Wie lernen Eiskunstläufer nun aber diese bestimmte ›Sichtweise‹? Claire O'Neill Dillie, Eislauftrainerin und Beraterin in Sachen Motivation, bringt ihren Schülern bei, eine »verschwommene Konstante« zu sehen, eine eingebildete Linie, die sich rund um die Eisfläche zieht. Diese eingebildete Linie kann sich im Zuschauerraum oder an der Bande befinden, bei Drehungen mit zurückgelegtem Kopf verläuft sie möglicherweise an der Hallendecke. Das Entscheidende dabei ist, daß sich die Läufer im Gleichgewicht fühlen. Auch wenn ihre Arme und Beine herumwirbeln, sollten sie das Gefühl haben, daß sich ihre Schultern, ihre Hüfte und ihr Kopf auf einer Achse befinden. Untrainierte Eisläufer empfinden das Schwindelgefühl nicht so sehr während der Drehung als vielmehr danach, wenn sie wieder zum Stehen kommen. Dasselbe Phänomen tritt übrigens auf, wenn wir auf dem Jahrmarkt aus einem dieser Wahnsinnsgefährte steigen und der Boden unter unseren Füßen erst zu schwanken scheint, nachdem wir ausgestiegen sind. Frau Dillie bringt ihren Schülern bei, den Kopf nach Beendigung der Pirouette in die entgegengesetzte Richtung der Drehung zu wenden, um ein Schwindelgefühl zu vermeiden.

Was uns dabei erstaunt hat, war die Tatsache, daß die hier geschilderten Strategien zur Vermeidung von Schwindelgefühlen in einem krassen Gegensatz zu denen stehen, die von Ballettänzern angewandt werden. Ballettänzer wählen nämlich einen Gegenstand aus, den sie bewußt fixieren. Nach jeder Drehung peilen sie mit ihrem Blick das Objekt an; dabei drehen sie ihren Kopf erst im letzten Augenblick ruckartig in die richtige Position, während sich der Körper schon in der entsprechenden Stellung befindet. Eiskunstläufer hingegen halten ihren Kopf immer in einer Achse mit dem Körper. Und warum eignet sich die Fixier-Technik des Balletts nicht für Eiskunstläufer? Zu dieser Frage haben wir Ronnie Robertson, Gewinner einer olympischen Medaille, befragt, der zu Berühmtheit gelangt ist, weil kein Mensch sich jemals schneller auf dem Eis gedreht hat. Wie schnell war er eigentlich? In seinen Spitzenzeiten schaffte Robertson sechs Umdrehungen pro Sekunde. Er erklärte uns, daß sich die Fixier-Technik für Eiskunstläufer nicht eigne, weil sie sich einfach viel zu schnell drehten, um überhaupt noch einen Gegenstand wahrnehmen, geschweige denn scharf sehen zu können. Sie können höchstens die »verschwommene Konstante« wahrnehmen, von der Claire O'Neill Dillie sprach und die sowohl eine mentale als auch eine visuelle Meisterleistung ist. Robertson, der von Gustav Lussi trainiert wurde, den man als den größten Pirouetten-Trainer aller Zeiten bezeichnete, hatte gelernt, seine Drehungen mit geschlossenen Augen zu vollführen. Robertson ist der Ansicht, daß es sich bei der Unterdrückung des Schwindelgefühls um eine geistige Tätigkeit handelt, bei der die visuellen Reize und die schnelle Bewegung ausgeblendet werden, so daß erst gar kein Schwindelgefühl entsteht. Robertson erklärt, daß die Spitze der Schlittschuhkufe vermutlich der winzigste Punkt ist, um den sich ein menschliches Wesen in aufrechter Position drehen kann. Er berichtet, daß er sich während seiner schnellsten Drehungen absolut ruhig fühlte, wenn sich sein Körper auf einer Achse befand.

Da wir schon den größten Pirouetten-Künstler aller Zeiten am Telefon hatten, konnten wir nicht umhin, ihm eine weitere Frage zu stellen: Warum enden fast alle Eiskunstlaufküren, sei es im Wettkampf oder bei Show-

Veranstaltungen, mit einer langen, schnellen Drehung? Bevor wir wußten, was wir bei der Beantwortung dieser Frage erfuhren, hatten wir angenommen, daß sich die Eiskunstläufer die Pirouette bis zum Schluß aufsparen, weil ihnen danach so schwindlig ist, daß sie nicht mehr weiterlaufen können. Aber Robertson machte diese Theorie zunichte.
Ihm zufolge ist die Wirkung einer gelungenen Pirouette besonders nachhaltig. Die Läufer ernten zwar mit Dreifachsprüngen die Oooohs und Aaaahs des Publikums, aber eine spektakuläre Drehung hinterläßt doch die größere Wirkung. Die Drehung beginnt langsam und steigert sich dann so schnell zu ihrem Höhepunkt, daß sie ohne die Hilfe der Zeitlupe gar nicht entsprechend nachvollzogen werden kann.
Robertson ist der Meinung, daß die Zuschauer eher den Schluß als den Beginn einer Kür in Erinnerung behalten. Wenn der Eiskunstläufer sein Publikum bis hin zu »standing ovations« begeistern kann, hat das möglicherweise auch Auswirkungen auf das Urteil der ach so strengen Preisrichter.
Robertson war nicht nur für die atemberaubende Schnelligkeit seiner Drehungen, sondern auch für deren spektakulären Abschluß bekannt: Mit seinem freien Bein stoppte er die Drehung abrupt in dem Augenblick, in dem sie am schnellsten war.
Wahrscheinlich hat er in dieser Sekunde die Augen geöffnet und den Applaus des begeisterten Publikums genossen.

Eingesandt von Barbara Harris Polomé aus Austin, Texas. Gedankt sei außerdem David McConnaughey aus Cary, North Carolina.

12

WARUM versinken Strohhalme manchmal in den Getränken, und warum bekommen sie andere Male Auftrieb?

Die Bewegung, die der Strohhalm in einem Getränk vollführt, hängt zum einen vom Getränk und zum anderen von der Beschaffenheit des Strohhalms ab. Schnell in die Höhe schießende Strohhalme sieht man gewöhnlich in Gläsern, die kohlensäurehaltige Getränke beinhalten. Unser Leser Richard Williams, Meteorologe beim National Weather Service, erklärt uns das Phänomen:

> Der Auftrieb wird dadurch verursacht, daß sich innen wie außen am Strohhalm Kohlensäurebläschen absetzen. Das treibt den Strohhalm in die Höhe.
>
> Das Gas steht unter beachtlichem Druck, wenn das Getränk frisch eingegossen wird. Läßt der Druck nach, bildet das Gas an den Innenwänden des Glases und am Strohhalm kleine Bläschen. Werden die Bläschen größer, bekommt der Strohhalm mehr und mehr Auftrieb, so daß er im Gefäß immer höher steigt.

Manchmal kann man allerdings beobachten, daß ein Strohhalm auch in einem nicht kohlensäurehaltigen Getränk Auftrieb bekommt und nach oben steigt. Erst Roger W. Cappello, Präsident des Strohhalmherstellers Clear Shield National, konnte uns eine plausible Antwort auf diese Frage geben. Oft fragen uns unsere Leser, wie unsere Informanten reagieren, wenn sie mit derart seltsamen Fragen konfrontiert werden. Die einzige Antwort, die man darauf geben kann, lautet: sehr unterschiedlich. Natürlich freuen wir uns über Informanten, die sich geschmeichelt fühlen und uns bereitwilligst Auskunft erteilen. Aber wir müssen zugeben, daß wir auch Menschen wie Cappello sehr schätzen, die uns ein wenig auf die Folter spannen, bevor sie uns ihr geheimes Wissen mitteilen. Hier ist der Brief – wortwörtlich –, den er uns schrieb:

> Nachdem ich zunächst ein Weilchen über Ihre Frage nachgedacht habe, beschloß ich, Ihren Brief in den Papierkorb zu befördern, da ich zur Beantwortung von derlei Anfragen einfach keine Zeit habe. Später fiel mir das Schreiben jedoch erneut in die Hände, und ich entschloß mich zu versuchen, Ihnen eine Antwort zu geben – eine bewußt einfach gehaltene Antwort, die nicht allzu wissenschaftlich ist, sondern sich vielmehr auf den gesunden Menschenverstand beruft.
>
> Das von Ihnen geschilderte Phänomen hat etwas mit dem »spezifischen Gewicht« zu tun. Das spezifische Gewicht wurde von Webster als »Verhältnis der Dichte einer Substanz zu der Dichte einer anderen Substanz wie etwa Wasser, die als Richtgröße angenommen wird, wenn beide Dichten in der Luft gewogen werden« definiert. Strohhalme werden heute in der Regel aus Polypropylen hergestellt; vor einigen Jahren hingegen bestanden sie noch aus Polystyren, davor aus Papier und wiederum davor – wie der Name schon sagt – aus Stroh.
>
> Nimmt man das spezifische Gewicht von Wasser mit 1 an, so entspricht das von Polypropylen 0.9 und das von Polystyren 1.04. Ein aus Polypropylen bestehender Strohhalm bekommt in einem Glas Wasser also Auf-

trieb, während der Strohhalm aus Polystyren absinkt. In einem kohlensäurehaltigen Getränk allerdings bekommt auch ein aus Polystyren bestehender Strohhalm Auftrieb, weil sich die Kohlensäurebläschen am Strohhalm ablagern und dazu beitragen, den relativ geringen Unterschied auszugleichen, der zwischen dem spezifischen Gewicht des Wassers und dem des Polystyrens besteht. Aus demselben Grund verstärkt sich der Auftrieb eines Polypropylen-Halmes in einem kohlensäurehaltigen Getränk im Gegensatz zu Wasser noch zusätzlich. Stellt man einen Strohhalm aus Polypropylen in Benzin – aber bitte, versuchen Sie das nicht – dann sinkt der Halm, denn das spezifische Gewicht von Benzin ist niedriger als das von Wasser.
Füllt man zehn Gläser gleich hoch mit unterschiedlichen Flüssigkeiten und stellt in jedes Glas einen Strohhalm, so werden sich die Halme je nach dem spezifischen Gewicht der jeweiligen Flüssigkeit und deren Kohlensäuregehalt unterschiedlich verhalten.
Ich wünschte, ich hätte nie mit der Beantwortung dieser Frage begonnen, denn ich möchte jetzt gerne zum Mitagessen gehen. Ich werde mir dazu wohl ene Tasse Kaffe bestellen, so daß ich wenigstens während des Essens nicht mit den Unwägbarkeiten meines Berufes konfrontiert werde. Viel Glück.

Danke! Das Glück, das Sie uns wünschen, können wir gebrauchen. Und ich bin sicher, daß Sie auch während des Mittagessens zu neuen Erkenntnissen gelangt sind. Jeder, der bereit ist, uns sein Wissen zur Verfügung zu stellen, kann guten Gewissens essen (und schlafen), denn er darf sich in dem Bewußtsein wiegen, zur Aufklärung seiner Mitmenschen beigetragen zu haben.

Eingesandt von Merrill Perlman aus New York, New York.

13

WARUM nennt man die Alt-Oboe auch Englischhorn, wo sie doch weder aus England stammt noch ein Horn ist?

Dr. Kristin Thelander, Musikprofessorin an der University of Iowa, versicherte uns wie zahlreiche andere Musikexperten auch, daß das Englischhorn in der Tat in Frankreich erfunden wurde. Und keiner konnte uns mit Sicherheit sagen, warum das Instrument als Horn bezeichnet wird.

Die eigentlich interessante Frage ist allerdings, warum dieses Instrument mit England in Verbindung gebracht wird. Dr. Margaret Downie Banks, Kuratorin des Shrine of Music Museum an der University of South Dakota, teilte uns mit, daß die Existenz dieses Instruments mindestens bis ins siebzehnte Jahrhundert zurückverfolgt werden kann. Laut Frau Banks wurde das Englischhorn zu Beginn des achtzehnten Jahrhunderts *Waldhautbois* (Waldoboe) genannt.

Dieser Name wurde von Komponisten des Barock wie Johann Sebastian Bach ins Italienische übertragen; das Instrument hieß fortan *oboe da caccia* (Jagdoboe).

Um 1760 taucht bei Komponisten wie Haydn und Gluck die Bezeichnung *corni inglesi* (Englischhorn) auf, doch ist unbekannt, warum die Alt-Oboe mit dem Namen Englischhorn belegt wurde.

Was passierte also zwischen dem frühen achtzehnten Jahrhundert und 1760, daß man das Instrument plötzlich als Englischhorn bezeichnete? Einige unserer Experten, zum Beispiel Alvin Johnson von der American Musicological Association und Peggy Sullivan von der Music Educators National Conference, ließen sich auf Spekulationen ein. Sie boten uns eine zwar weit verbreitete, aber dennoch höchst zweifelhafte Erklärung, nämlich daß unsere Bezeichnung eine Entgleisung des französischen Ausdrucks *cor anglé* sei, was soviel wie »winkliges Horn« heißt. Obgleich die Alt-Oboe ursprünglich ein »gerades« Instrument wie die »normale« Oboe war, begannen die Instrumentenbauer im frühen achtzehnten Jahrhundert, als das Instrument mit zur Jagd genommen wurde, Winkel und Rundungen einzubauen. Nach dieser Theorie entstand die Bezeichnung aufgrund einer Homonymie, also deshalb, weil sich im Französischen die Aussprache der Wörter *anglé* und anglais (englisch) sehr stark ähnelt. Und da die Engländer schon immer kleine Chauvinisten waren, wurde aus dem »Winkelhorn« das »Englischhorn« . . .

Eingesandt von Robert C. Probasco aus Moscow, Idaho.

14

WARUM sind unsere Finger unterschiedlich lang? Hat es einen besonderen Grund, daß der kleine Finger kürzer als der Zeigefinger ist?

Die einzigen wütenden Zuschriften bekommen wir, wenn wir versuchen, Fragen mit evolutionären Theorien zu erklären. Stellt man jedoch anerkannten Fachleuten, wie zum Beispiel Dr. William P. Jollie vom Medical College of Virginia, diese Frage, so bekommt man als Antwort eine Erklärung aus der Evolution:

> . . . anatomisch betrachtet sind unsere Finger ebenso wie die Fußzehen Gliedmaßen. Diese Gliedmaßen sind für die Klassifizierung des Menschen wie auch für die aller anderen vierbeinigen Wirbeltiere sowohl in die große Zugehörigkeitsgruppe (die sogenannte Klasse wie Amphibien, Reptilien oder Säugetiere) wie auch in kleinere Untergruppen (die sogenannte Ordnung wie Nagetiere, Fleischfresser oder Primaten) von Bedeutung. Die Tatsache, daß wir an jeder Hand fünf Finger einer bestimmten Länge haben, ist also ein für Primaten charakteristisches Merkmal.

Natürlich bestehen zwischen den unterschiedlichen Arten Abweichungen, und sogar unter Mitgliedern derselben Art kann es zu unterschiedlichen Ausprägungen dieser charakteristischen Merkmale kommen. Bei manchen Menschen ist der Ringfinger länger als der Zeigefinger; bei anderen wiederum haben alle Finger die gleiche Länge. Ich habe einmal eine Frau kennengelernt, deren »Zeigezehe« die große Zehe um ein beträchtliches Stück überragte.

Aber gibt es denn einen Grund für die relative Größe unserer Finger und Fußzehen?

Dr. Duane Anderson vom Dayton Museum of Natural History ging als einziger der von uns befragten Experten auf die Bedeutung unserer Finger (und Hände) als »Greifwerkzeuge« ein:

> Umfassen Sie mal einen Tennisball, und Sie werden sehen, daß alle Ihre Finger in einer Linie abschließen. Die Länge der Finger hängt damit zusammen, daß wir uns früher von Ast zu Ast geschwungen haben; außerdem dienten uns die Finger schon damals als Greifwerkzeuge. Eine Hand mit fünf gleichlangen Fingern wäre für diese Aufgaben viel zu unflexibel gewesen. Hätte beispielsweise der kleine Finger dieselbe Länge wie der Mittelfinger, würden wir damit viel öfter hängenbleiben und ihn uns verletzen.

Der Biologe John Hertner vom Kearney State College sagte uns, daß zwei charakteristische Merkmale der Finger und Zehen höherentwickelter Wirbeltiere auf mögliche Gründe für die unterschiedliche Länge schließen lassen.

Erstens können wir sehr viel besser laufen, wenn die Länge unserer Zehen nach außen hin abnimmt. Und zweitens verlieren sich im Lauf der Zeit bei vielen höherentwickelten Wirbeltieren bestimmte Merkmale und Strukturen; so haben sich beispielsweise beim Pferd im Laufe der Zeit alle Zehen bis auf eine einzige zurückgebildet.

Werden wir Menschen in den kommenden Jahrmillionen einen oder zwei Finger verlieren? Leider konnten uns die Experten in Sachen Evolution darauf keine Antwort geben.

Eingesandt von Marisa Peacock aus Worcester, Massachusetts.

15

WARUM
schäumt Shampoo bei der zweiten Wäsche viel mehr als bei der ersten?

Selbst wenn unser Haar und unsere Hände schon so richtig schön naß sind, schäumt das Shampoo bei der ersten Haarwäsche bei weitem nicht so stark. Nachdem wir aber den ersten Schaum abgespült haben und das Haar zum zweiten Mal shampoonieren, schäumt das Shampoo wie verrückt. Warum schäumt es beim zweiten Mal so viel stärker?

Offensichtlich deshalb, weil unser Haar fettig ist; das teilte uns jedenfalls Dr. John E. Corbett von Clairol mit:

> Bei der ersten Wäsche wird die Schaumbildung durch die im Haar befindlichen Fette behindert. Sind die Fette nach dem ersten Ausspülen verschwunden, schäumt das Shampoo bei der zweiten Wäsche sehr viel stärker.

Eingesandt von Joe Schwartz aus Troy, New York.

16

WARUM
brennen Zigarettenstummel nicht? Befindet sich zwischen dem Tabak und dem Filter eine spezielle Barriere, die verhindert, daß der Filter in Brand gerät?

Selbst filterlose Zigaretten geraten nicht schnell in Brand. Wenn der kleingehackte Tabak dicht genug zusammengepreßt ist, befindet sich zwischen den einzelnen Teilchen nicht mehr sehr viel Sauerstoff, der für den Verbrennungsprozeß notwendig ist. Auch der Grad der Porösität des Zigarettenpapiers spielt bei der Brennbarkeit eine Rolle.

Eine Filterzigarette weist jedoch noch eine andere Vorrichtung auf, die den Verbrennungsprozeß reguliert – glücklicherweise handelt es sich nicht um Asbest. Mary Ann Usrey von J. R. Reynolds erklärte uns folgendes:

> Der Filter ist mit dem Rest der Zigarette durch ein spezielles Papier verbunden, das keinerlei Poren aufweist. Dieses Papier, das demnach keinen Sauerstoff enthält, sorgt dafür, daß die Glut erlischt, sobald sie mit ihm in Berührung kommt. Zwischen Filter und Tabak gibt es also tatsächlich eine Barriere, die sich allerdings wie eine Banderole um die Zigarette herumzieht und sich nicht im Inneren der Zigarette befindet.

Eingesandt von Frank H. Anderson
aus Prince George, Virginia.

17

WAS
hört man, wenn man eine Glühbirne schüttelt?

Sicher nicht das Meeresrauschen – soviel steht fest. Was man hört, hängt damit zusammen, ob man eine intakte oder eine durchgebrannte Glühbirne schüttelt. Schüttelt man eine funktionstüchtige Glühbirne, hört man unter Umständen das Geräusch loser Wolframpartikelchen, die beim Herstellungsprozeß angefallen sind und nun in der Glaskugel herumklimpern.

Laut Peter Wulff, Redakteur bei der Zeitschrift *Home Lighting & Accessories,* beeinträchtigen diese Partikel weder die Funktionstüchtigkeit noch die Lebensdauer der Glühbirne. Wulff fügt hinzu, daß die Glühbirnenhersteller die Wolframpartikel zwar nicht mit Absicht in der Birne hinterließen, daß dies früher jedoch recht häufig vorkam: »Gelegentlich wurde empfohlen, die Birne nach Gebrauch und nach dem Abkühlen zu schütteln, so daß die losen Partikel die Birne von innen säubern konnten.«

Hört man heute jedoch beim Schütteln einer Glühbirne ein leises Klimpern, so kann man meist davon ausgehen, daß die Birne kaputt ist. Und tatsächlich prüfen viele Verbraucher so, ob die Glühbirne durchgebrannt ist. Richard H. Dowhan von GTE Products teilte uns mit, daß es in einem solchen Fall Teile des durchgebrannten Glühdrahtes sind, die man in der Glaskugel herumklimpern hört. Ein durchgebrannter Glühdraht ist bei Glühbirnen die häufigste »Todesursache«. Von den selten vorkommenden losen Wolframpartikelchen sieht Dowhan ab, wenn er sagt: »Eine funktionstüchtige Glühbirne dürfte beim Schütteln keine Geräusche von sich geben.«

Eingesandt von Kari Rosenthal aus Bangor, Maine.

18

WARUM
geben Leuchtstoffröhren beim Einschalten ein klickendes Geräusch von sich?

Und wieder haben wir uns an Peter Wulff gewandt, um auch auf diese Frage eine Antwort zu bekommen. Ältere Leuchtröhrensysteme arbeiten mit einem sogenannten »Vorglühsystem«, das einen Bimetall-Zünder (das kleine runde silberne Teil) aufweist. Wulff erklärte uns, daß sich in dem Zünder ein Bimetall-Schalter befindet, der klickt, wenn Energie zugeführt wird. Leuchtstoffsysteme neueren Datums funktionieren nicht mehr nach diesem Prinzip – das Klicken beim Anschalten einer Leuchtstoffröhre wird also mehr und mehr zu einem Relikt unserer Vergangenheit.

Eingesandt von Jan Vandagriff aus Ypsilanti, Michigan.
Gedankt sei außerdem
Kathleen Russell aus Grand Rapids, Michigan,
Cuesta Schmidt aus West New York, New Jersey,
sowie Walter Hermanns aus Racine, Wisconsin.

19

WARUM lieben es Katzen, hinter den Ohren gekrault zu werden?

Die meisten Katzen lassen sich aus den gleichen Gründen so gerne hinter den Ohren kraulen, aus denen sich viele Menschen massieren lassen: Es ist ein angenehmes Gefühl. Der Veterinär John E. Saidla, stellvertretender Direktor des Cornell Feline Health Center, erklärte uns:

> Die meisten Katzen lieben es, am ganzen Körper gekrault und gestreichelt zu werden. Unter der Haut einer Katze befinden sich zahllose Nervenenden, die das Streicheln zu einer außerordentlich sinnlichen Erfahrung machen.

Aber auch unter unserer Haut befinden sich viele Nervenenden, und trotzdem rollen wir uns nicht auf den Rücken und strecken alle viere von uns, wenn man uns hinter den Ohren krault. Kein Wunder, denn im Gegensatz zu Katzen müssen wir Menschen uns nicht mit Ohrmilben herumplagen. Dr. Saidla erläutert:

> Bei den meisten Katzen hält sich der Milbenbefall in Grenzen, aber manche leiden darunter so stark, daß es zu schweren Störungen und Infektionen kommen kann. Die in den Ohren der Katzen befindlichen Milben graben sich in die Haut ein, die den Ohrkanal umgibt. Die Katze reagiert dann allergisch oder zumindest empfindlich auf die von den Milben ausgeschiedenen Fäkalien und Enzyme, die

zu Juckreiz oder Schmerz führen. Wird sie nun hinter den Ohren gekrault, so fühlt sich das äußerst angenehm an, und die Katze reagiert mit großer Dankbarkeit auf diesen »Liebesdienst« ihres Frauchens oder Herrchens.

Eingesandt von Robert J. Abrams
aus Boston, Massachusetts.

20

WARUM sprechen Comicfiguren nur in Großbuchstaben?

Sämtliche von uns befragten Cartoonisten erklärten übereinstimmend, daß es schlicht und ergreifend einfacher ist, in Großbuchstaben zu schreiben. Das mag uns Comic-Konsumenten im ersten Augenblick vielleicht nicht besonders plausibel erscheinen, aber Comiczeichner haben Dinge zu berücksichtigen, über die wir uns keine Gedanken machen müssen. Indem sie ausschließlich Großbuchstaben verwenden, können sich die Cartoonisten den in den Sprechblasen zur Verfügung stehenden Platz besser einteilen. Kleinbuchstaben haben nicht nur unterschiedliche Breiten, sondern oft auch die unangenehme Eigenschaft, andere Buchstaben zu überragen bzw. zu unterschreiten. Neben einem l wirkt zum Beispiel das a wie ein Winzling, während das p und das q nach unten aus der Rolle fallen.

Außerdem – und das ist vielleicht noch viel wichtiger – lassen sich Großbuchstaben einfacher entziffern. Mark Johnson von King Features erinnerte uns daran, daß die Comics in vielen Zeitungen sehr klein abgedruckt werden; Kleinbuchstaben wären dann beinahe unleserlich. Wenn doch nur alle unsere Bücher in Großbuchstaben gesetzt wären – das würde uns des Problems der ach so lästigen Groß- und Kleinschreibung entheben . . .

Eingesandt von Carl Middleman aus St. Louis, Missouri.

21

WARUM bestehen Schuhabsätze aus mehreren Schichten?

Gummi ist das dauerhafteste und attraktivste Material zur Herstellung von Absätzen, doch Lloyd E. Brunkhorst von der Brown Shoe Company erklärte uns folgendes:

> Ein Gummiabsatz ist oftmals viel zu weich und somit zu instabil.
> Aus diesem Grund besteht der Absatz aus einer Basis aus Polyäthylen und einer Gummiauflage; auf diese Weise wird das beste Ergebnis erzielt.

William Kelly von Brockton Sole and Plastics pflichtet Brunkhorst bei und fügt hinzu, daß Polyäthylen der Feuchtigkeit, mit der Sohlen immer wieder in Kontakt kommen, besser standhält.

Beide Experten erklärten uns, daß die Absätze im »Leder-Look«, die augenblicklich so hoch im Kurs stehen, mit zahlreichen Lederschichten umkleidet werden. Die wenigen Schuhe, die heute noch mit unverkleideten Gummiabsätzen an den Mann gebracht werden, stehen in dem Ruf, nicht gerade die hochwertigsten zu sein.

Absätze aus Polyäthylen sind billiger als Gummiabsätze, was nicht nur die Herstellkosten und somit den Kaufpreis des Schuhs senkt, sondern auch die Reparaturkosten niedriger hält. Ist der Absatz abgelaufen, muß er nicht vollständig ausgetauscht werden. Brunkhorst weist darauf hin, daß die Erneuerung der Lauffläche des Absatzes viel kostengünstiger ist.

Eingegangen von einem unbekannten Anrufer der »Ray Briem Show« auf KABC-AM, Los Angeles, Kalifornien.

22

WARUM wird die Höhe eines Pferdes nur bis zur Schulter und nicht bis zum Scheitel gemessen?

David M. Moore, Veterinär und Leiter des Office of Animal Resources an der Virginia Tech University, erklärte uns, daß es mindestens ebenso schwierig ist, ein Pferd zu messen wie ein herumzappelndes Kind, wobei man das Kind unter Umständen dazu überreden kann, sich an eine Wand zu stellen. Steht das Kind gerade, fällt die Messung sogar halbwegs exakt aus.

> Bei einem Pferd hingegen, dessen Wirbelsäule im Gegensatz zu der eines Menschen parallel zum Boden verläuft, ist sehr viel schwieriger sicherzustellen, daß es Hals und Kopf in der Position hält, in der eine exakte Messung vorgenommen werden kann. Würde man die Höhe eines Pferdes also vom Huf bis zum Scheitel bemessen, wären die erzielten Meßergebnisse viel zu schwankend und somit nicht zu gebrauchen.

Dr. Wayne O. Kester von der American Association of Equine Practitioners teilte uns mit, daß sich der Widerrist eines Pferdes, vorausgesetzt, es steht mit allen vier Hufen fest auf dem Boden, immer in demselben Abstand zum Boden befindet, was eine zuverlässige Vermessung erlaubt; diese Größe nennt man Schulterhöhe.

Eingesandt von Gavin Sullivan aus Littleton, Colorado.

23

WAS
genau riechen wir, wenn wir den Geruch eines neuen Autos genießen?

Sie glauben doch nicht im Ernst, daß ein einziger Inhaltsstoff für die beispiellose Symphonie der Düfte verantwortlich ist, die uns in einem neuen Auto empfängt? C. R. Cheney von Chrysler Motors lieferte uns die umfassendste Erklärung:

> Der Duft, den wir alle an neuen Autos so lieben, ist eine Mischung aus dem Geruch nach frischer Grundierung und frischem Lack sowie dem der Kunststoffe, die für das Armaturenbrett, die Innenverkleidungen der Türen und die Fensterdichtungen verwendet werden. Außerdem geben der Teppichboden, die Polsterung und die Sitzbezüge Gerüche ab. Auch Gummi, Klebstoffe und Versiegelungen haben ihren Anteil an diesem einzigartigen Duft-Potpourri, dessen Geruch schneller verfliegt, als es uns lieb ist, und den es nie ein zweites Mal gibt.

Eingesandt von William Janna aus Memphis, Tennessee.
Gedankt sei außerdem
Jerry Arvesen aus Bloomington, Indiana,
und David Nesper aus Logansport, Indiana.

24

WARUM fanden Duelle immer im Morgengrauen statt? Oder entspricht diese in Romanen und Filmen gängige Darstellung etwa nicht der Wirklichkeit?

Diese weitverbreitete Darstellung hat mit der Realität tatsächlich nicht viel zu tun. Geschichtsexperten versicherten uns glaubhaft, daß Duelle zu jeder beliebigen Tageszeit ausgetragen wurden. Der frühe Morgen war allerdings ein besonders beliebter Zeitpunkt, denn ein im Dämmerlicht ausgefochtenes Duell geriet nur allzu leicht zu einem Fischen im Trüben.

Für uns ergibt das allerdings keinen Sinn. Zum Angeln würden wir ja vielleicht noch zu so früher Stunde aus den Federn kriechen; wüßten wir aber, daß wir eine Eins-zu-eins-Chance hätten, den folgenden Mittag nicht mehr zu erleben, würden wir uns doch wenigstens noch einen ausgiebigen Schlaf und ein fürstliches Frühstück gönnen, bevor wir uns in das unvermeidliche Duell stürzten.

Der Historiker C. F. »Charley« Eckhardt stellte einige Spekulationen über die Vorliebe von Streithähnen für Duelle auf Leben und Tod zu ungewöhnlichen Tageszeiten an:

> Wenn der Austragungsort des Duells in nord-südlicher Richtung gelegen war, erfreute sich bei Sonnenaufgang keiner der Duellanten des Vorteils, die

Sonne im Rücken zu haben. Außerdem schlummerten die lokalen Ordnungshüter zu dieser Tageszeit noch, oder es fand, falls es in der jeweiligen Gegend eine reguläre Polizeitruppe gab, gerade Schichtwechsel statt. In jedem Fall konnte man also durch einen so frühen Austragungszeitpunkt das Risiko, daß sich Gesetzes- oder Ordnungshüter in die Angelegenheit einmischten, um einiges reduzieren. Das ist übrigens auch der Grund, daß viele Einbrüche zwischen 3 und 4 Uhr morgens oder zwischen 11 Uhr abends und Mitternacht stattfinden. Zu diesen Zeiten wechseln auf vielen Polizeirevieren die Schichten.

Eingesandt von Jan Anthony Verlaan
aus Pensacola, Florida.

25

WARUM stehen Vögel beim Schlafen auf einem Bein? Und warum stecken sie während des Schlafens den Kopf unter die Flügel?

Dank der besonderen Beschaffenheit ihrer Krallen können sich Vögel auch auf Stromleitungen oder Wäscheleinen halten, und selbst auf einem Bein bereitet ihnen das keine größeren Probleme. Da sie auf einem Bein ebenso sicher wie auf beiden stehen (ob sie nun schlafen oder nicht), können sie während des Schlafs wenigstens ein Bein ausruhen.

Vögel sind außerdem wärmebedürftig, und indem sie auf nur einem Bein stehen, haben sie die »Nase vorn«, wie uns Nancy Martin, Naturkundlerin am Vermont Institute of Natural Science, erklärte:

> Da die Beine eines Vogels nicht mit Federn bedeckt sind, verlieren Vögel über ihre Beine eine große Menge an Körperwärme, besonders wenn sie auf Eis oder in kaltem Wasser stehen. Und weil Vögel eine hohe Stoffwechselrate haben, versuchen sie, soviel Energie wie möglich zu sparen. So erklärt sich ihre Angewohnheit, auf einem Bein zu stehen.

Und aus demselben Grund – nämlich, um die Körperwärme zu erhalten, stecken sie den Kopf unter die Flügel.

Eingesandt von Lee Dresser aus Overland Park, Kansas.
Gedankt sei außerdem
Jocelyn Noda aus Los Angeles, Kalifornien.

26

WOHIN verschwindet das Fett, wenn man einen Hüfthalter trägt?

Das kommt auf den Hüfthalter an – und auf die Frau, die den Hüfthalter trägt.

Ray Tricarico von Playtex Apparel erklärte uns, daß die meisten Hüfthalter auf der Vorderseite einen speziellen Einsatz aufweisen, der dazu beiträgt, den Bauch in Form zu halten. Viele Modelle sind außerdem so beschaffen, daß sie auch die Hüften und das Hinterteil vorteilhaft modellieren.

»Aber wohin verschwindet all das Fett?« fragen wir verzweifelt. Wenn wir einen Gürtel zu eng schnüren, dann hängen unsere Rettungsringe eben über den Gürtel hinweg. Und wenn sich die Damen des vergangenen Jahrhunderts in ihre engen Korsetts zwängten, konnten sie nur deshalb ihre Wespentaillen zur Schau stellen, weil das unerwünschte Fleisch und Fett nach oben und unten weggedrückt wurde und an anderer Stelle, etwa an den Hüften, wieder zutage trat. Der von unseren Vergleichen faszinierte Tricario verwies uns an Robert K. Niddrie, der bei Playtex für die Forschung und Entwicklung zuständig ist. Und uns wurde schnell klar, daß wir noch viel über Hüfthalter zu lernen hatten.

Zuallererst ist die Bezeichnung »Hüfthalter« vielleicht korrekt, aber dennoch nicht mehr angesagt; heute nennt man diese Art von Unterwäsche Miederwaren.

Warum? Weil die Bezeichnung »Hüfthalter« hoffnungslos veraltet ist und das Bild eines zwängenden, absolut unbequemen Folterinstruments hervorruft. Früher waren Hüfthalter nicht elastisch, und ebenso wie ein zu eng geschnürter Gürtel ließen sie das Fett an anderen Stellen wieder herausquellen (in der Regel unter dem Hinterteil oder über der Taille).

Sinn moderner Miederwaren ist es weniger, das Fett zu verdrängen, als es vielmehr gleichmäßig zu verteilen und dem Körper auf diese Weise ansprechendere Konturen zu verleihen. Außerdem sind Miederwaren heute in vielen Formen und Schnitten erhältlich. Möchte eine Frau verhindern, daß das Fett an den Beinen der Miederhose herausquillt, kauft sie eine extra-lange Hose. Erscheint am oberen Abschluß der Miederhose eine Speckrolle, wählt sie ein Modell mit hoher Taille aus. Niddrie erklärte uns, daß Fett so flexibel ist, daß es sich bequem »umverteilen« läßt. Miederwaren sind aus festerem oder aus nachgiebigerem Material erhältlich. Sie sollen stützen und nicht zwängen.

Für »vollschlanke« Damen wurden spezielle Büstenhalter entwickelt, die das reichlich vorhandene Gewebe über einen größeren Umfang verteilen. Wird das Fett über eine größere Fläche verteilt, erscheint es weniger massig. Nach demselben Prinzip funktionieren moderne Miederwaren; Sie können es selbst ausprobieren: Statt eine Speckrolle mit den Fingern wegzuziehen, drücken Sie sie lieber sanft mit der ganzen Hand flach – so verteilt sich das überschüssige Fett sehr viel unauffälliger.

Niddrie führt es auf DuPonts Lycra zurück, daß Miederwaren heute auch für viele junge Frauen eine akzeptable Lösung ihrer Figurprobleme sind. Also sprachen wir mit Susan Habavicch, einer Marketing-Expertin von Du-

Pont, die uns bestätigte, daß die modernen Miederwaren mit einem Lycra-Anteil von 15 bis 30 Prozent sehr viel bequemer und angenehmer zu tragen sind als die alten Folterinstrumente, die mit der Bezeichnung »Hüfthalter« in Verbindung gebracht werden. Der große Vorteil von Lycra (manche würden es ein Wunder nennen) besteht darin, daß sich das Material an die Körperformen der Trägerin anpaßt und Überschüssiges sanft in Form bringt, ohne es zusammenzupressen. Das Ergebnis: keine Speckrollen, keine Beulen. Lycra-Miederwaren beseitigen das Fett nicht, sondern »teilen den Reichtum« mit angrenzenden Körperbereichen.

Eingesandt von Cynthia Crossen
aus Brooklyn, New York.

27

WAS tun Stechmücken tagsüber, und wo tun sie es?

Zu jeder Stunde des Tages sticht irgendwo auf der Welt eine Stechmücke zu. Es gibt so viele Steckmücken-Arten, die über derart unterschiedliche Gewohnheiten verfügen, daß es schwer ist, eine allgemeingültige Antwort zu geben. Manche Stechmücken-Arten, besonders solche, die in Wäldern leben, sind tagaktiv. Die meisten der in Nordamerika vorkommenden Arten jedoch gehen nachts auf die Jagd und werden als nachtaktiv oder dämmerungsaktiv bezeichnet; letztere machen sich bei Dämmerung, morgens und/oder abends, auf die Pirsch.

Die meisten Moskitos konzentrieren ihre Aktivitäten auf eine kurze Zeitspanne, in der Regel auf eine oder zwei Stunden. Handelt es sich um nachtaktive Stechmücken, finden auch sämtliche anderen lebensnotwendigen Tätigkeiten nachts statt: Nachts fressen sie, nachts paaren sie sich, nachts legen sie ihre Eier. Normalerweise verbringen nacht- oder dämmerungsaktive Moskitoweibchen den Großteil ihrer Zeit sitzend, ob sie nun die in Blut enthaltenen Lipide zu Eiern umwandeln oder darauf warten, auf Nektarsuche zu gehen. Obgleich sie ein- bis zweimal pro Nacht aufbrechen, um sich mit Nektar zu versorgen, der ihnen Energie liefert, kann zwischen zwei »blutigen Mahlzeiten« eine Woche oder länger vergehen.

Verändern sich die klimatischen Bedingungen nicht, ändert sich auch nichts an dem gewöhnlichen Tagesablauf eines Moskitos. Aber laut Charles Schaefer, dem Leiter des Moskito Control Research Laboratory der University of California in Berkeley, kann das Muster, nach dem die Aktivitäten der Stechmücken ablaufen, durch zahlreiche Faktoren regelrecht auf den Kopf gestellt werden:

1. Licht: Die meisten nacht- oder dämmerungsaktiven Stechmücken fliegen nicht, wenn sie direktem Sonnenlicht ausgesetzt sind. Und umgekehrt werden in geschlossenen Räumen normalerweise nachtaktive Stechmücken plötzlich auch tagsüber aktiv, wenn der Raum nur dunkel ist.
2. Feuchtigkeit: Bei geringer Luftfeuchtigkeit sind die meisten Stechmücken nicht besonders aktiv.
3. Temperatur: Bei Hitze heben Stechmücken nur ungern ab.
4. Wind: Stechmücken sind sehr windempfindlich; liegt die Windgeschwindigkeit über 15 Stundenkilometern, bleiben sie lieber am Boden.

Aber wo verstecken sich nachtaktive Moskitos tagsüber? Meistens entfernen sie sich nicht weit von ihren Brutstätten. Die meisten Stechmücken halten sich am liebsten »im Grünen« auf, bevorzugter Aufenthaltsort ist Gras. Andere hingegen sitzen lieber in Bäumen; dort sind sie am besten vor natürlichen Feinden geschützt.
Eine in Nordamerika besonders verbreitete Stechmükken-Art, die Anopheles-Mücke, verzieht sich besonders gern an schattige Plätze. Häuser und Holzhütten sind ihre liebsten Ruheorte, aber auch mit Brücken oder Tunnels kann sie sich anfreunden. Nacht- oder dämmerungsaktive Stechmücken lassen sich besonders gern an

Zimmerwänden nieder, wenn der Raum nicht allzu hell ist. In freier Wildbahn ziehen sich schattenliebende Moskitos in Höhlen oder Bäume zurück.
Wir fragten Dr. Schaefer, von dem der Großteil der in dieser Antwort enthaltenen Hintergrundinformationen stammt, ob die Stechmücken während ihrer zweiundzwanzigstündigen Ruhephase denn schlafen oder sich regenerieren. Er antwortete, daß das niemand so genau wisse. Vielleicht nennen wir einen der zukünftigen Bände dieser Reihe ja *Wann schlafen Moskitos?*

Eingesandt von Jennifer Martz
aus Perkiomenville, Pennsylvania.
Gedankt sei außerdem
Ronald C. Semone aus Washington, D. C.

28

WARUM bezeichnete man das Verhältnis des Umfangs eines Kreises zu seinem Durchmesser ausgerechnet mit dem griechischen Buchstaben Pi?

Die Geschichte des Pi ist so komplex und faszinierend, daß darüber schon zahlreiche Bücher geschrieben wurden. Will man die lange Geschichte aber in wenigen kurzen Worten erzählen, so kann man das Ganze zu der Erklärung zusammenfassen, die uns Roger Pinkham, Mathematiker am Stevens Institute of Technology in Hoboken, New Jersey, lieferte:

> Für den Begriff Umkreis (Perimeter) gibt es im Griechischen zwei Bezeichnungen: *perimetros* und *periphireia.* Der Umfang eines Kreises kann als dessen Perimeter bezeichnet werden, und so wurde der Anfangsbuchstabe des griechischen Präfixes *peri,* was soviel wie rund heißt und in beiden Bezeichnungen vorkommt, als Name dieser Zahl gewählt.

Schon vor der Geburt Christi versuchten sich Mathematiker an der Berechnung des Kreises, aber weder die alten Ägypter noch die Griechen prägten den Begriff. Der Mathematiklehrer John Veltman aus San Antonio schickte uns Material, aus dem hervorgeht, daß die Bezeichnung Pi zwar schon früher als Abkürzung für »Peripherie« diente, sie aber erst im Jahre 1706 zum ersten Mal in der uns bekannten Funktion erwähnt wird, und zwar in dem Werk *A New Introduction to Mathematics* des englischen Schriftstellers William Jones, der uns als Übersetzer von Isaac Newton besser bekannt ist. Das Pi erfreute sich bis 1737 noch keiner besonders großen Akzeptanz; erst dann gelangte Jones' Terminus durch den großen Schweizer Mathematiker Leonhard Euler zu Ruhm.

Wie aber bezeichneten die alten Griechen das Kreisverhältnis? Aller Wahrscheinlichkeit nach benutzten sie jedenfalls keine griffige Abkürzung. Dazu erklärt uns Veltman:

> Es scheint so, als hätten die griechischen Mathematiker den Buchstaben Pi nicht zur Benennung des Kreisverhältnisses benutzt. Verschiedene frühe Kulturen drückten mathematische Sachverhalte in Sätzen und weitgehend ohne Abkürzungen und Symbole aus. Es ist erstaunlich, wieviel sie auch ohne diese Vereinfachung erreicht haben. Von Archimedes, der um 287 v. Chr. geboren wurde, behauptet man, er habe den Wert von Pi auf zwischen 3 10/71 und 3 1/7 (in unserem Dezimalsystem ausgedrückt zwischen 3,14084 und 3,142858) berechnet.

In den folgenden Jahrhunderten kamen die Mathematiker in anderen Ländern auf noch genauere Berechnungen: Um 150 n. Chr. berechnete der in Alexandria lebende Mathematiker Ptolemaios die Zahl Pi auf 3,1416. Um 460 n. Chr. verfeinerte der Chinese Tsu Ch'ung-chih die Berechnungsmethode und näherte sich mit dem Ergebnis 3,14152929 dem exakten Wert bis auf sechs Stellen hinter dem Komma an.

Eingesandt von Dennis Kingsley
aus Goodrich, Michigan.

29

WARUM
bildet sich Eis auf Seen und Teichen zuerst an der Wasseroberfläche, wenn doch die Wärme nach oben steigt?

Jeder, der schon einmal im Gefrierfach Eiswürfel hergestellt hat, weiß, daß zunächst raumtemperiertes Wasser an Dichte abnimmt, wenn es gefriert. Wir wissen auch, daß Wärme immer nach oben steigt. Und daß die Sonne Wasser an der Oberfläche eines Sees stärker und direkter bestrahlt als das Wasser am Grund. Alle drei Tatsachen würden darauf hindeuten, daß sich eher am Grund eines Sees als an der Oberfläche Eis bildet. »Warum ist es nun umgekehrt?« wollen viele unserer Leser wissen.

Vielleicht wissen Sie nicht, was uns Neal P. Rowell, ehemals Physikprofessor an der University of South Alabama, erklärte: Wasser erreicht bei einer Temperatur von 4 Grad Celsius seine größte Dichte. Und hier liegt der Schlüssel zu dem Geheimnis, weshalb sich Eis immer oben bildet.

Harold Blake, einer unserer Lieblingsexperten, faßte die Erklärung für uns kurz und allgemein verständlich zusammen:

> Wenn Wasser abkühlt, nimmt seine Dichte zu. Es zieht sich zusammen und sinkt auf den Boden des Sees, des Teichs, der Regentonne oder des Trinknapfs. Bei einer Temperatur von 4 Grad Celsius,

also kurz vor dem Gefrieren, hat das Wasser seine größte Dichte erreicht. Wird es nun noch kälter, dehnt es sich langsam wieder aus.

Bei einer Temperatur zwischen 4 Grad Celsius und 0 Grad Celsius (dem Gefrierpunkt des Wassers), steigt es wieder an die Oberfläche, denn es ist weniger dicht, also leichter.

Nun muß das Wasser aber noch weitere Wärme abgeben, um endgültig zu gefrieren. Während des Gefrierprozesses bilden sich Eiskristalle, die rasch größer werden und sich miteinander verbinden. Um noch fester zusammenzuwachsen, benötigen sie zusätzliches Wasser; auf diese Weise »zementieren« sie sich aneinander. Die Eiskristalle sind wesentlich leichter als das sie umgebende Wasser; sie schwimmen deshalb an der Oberfläche.

Ist die Oberfläche erst einmal überfroren, verflüchtigt sich die Wärme über die Ränder, und der ganze See friert nach und nach von den Rändern her zu. Ist die Eisschicht erst durchgehend, entsteht aufgrund der Ausdehnung des Eises an der Oberfläche ein enormer Druck; auf diese Weise brechen die Ränder der geschlossenen Eisfläche (oder platzen zugefrorene Wassergefäße – ein äußerst unangenehmes Phänomen, wenn man an geplatzte Wasserrohre denkt).

Ist die Oberfläche eines Sees erst einmal zugefroren, wird die Temperatur des unter der Eisschicht befindlichen Wassers kaum auf 0 Grad absinken, denn die Eisdecke wirkt isolierend. Dank der Eisschicht, die die Wassertemperatur zwischen 0 und 4 Grad Celsius hält, kann unter dem Eis Leben überdauern.

Der interessanteste Punkt dieser eisigen Frage ist die Tatsache, daß Wasser bei 4 Grad Celsius eine maximale

Dichte erreicht und sich bei einer Temperaturänderung, ganz gleich, ob es noch weiter abkühlt oder sich wieder erwärmt, in jedem Fall ausdehnt.

Eingesandt von Richard T. Mitch aus Dunlap, Kalifornien.
Gedankt sei außerdem
Kenneth D. MacDonald aus Melrose, Massachusetts,
R. Prickett aus Stockton, Kalifornien,
Brian Steiner aus Charlotte, North Carolina,
und John Weisling aus Grafton, Wisconsin.

30

WAS passiert mit den 1000 oder mehr Kopien, wenn ein Film seinen »großen Auftritt« hatte?

Die Vermarktungsstrategien für Kinofilme sind außerordentlich unterschiedlich. Ein Lieblingsfilm der Kritiker, also ein »Film mit Anliegen« oder einer ohne bekannte Stars, läuft unter Umständen nur in einigen wenigen Kinos. Die Verleihfirma betet dann, daß Mundpropaganda oder gute Kritiken den Bekanntheitsgrad des Werks steigern, so daß es in einigen weiteren Kinos gezeigt wird.

Potentielle Kassenrenner hingegen, besonders Komödien und Action-Filme, für die im Fernsehen geworben wird, oder Streifen, in denen bekannte Schauspieler zu sehen sind, die den Film zum Erfolg machen, werden auf breiter Front vermarktet. Nur indem der Film landesweit gleichzeitig in 1000 bis 2000 Kinos anläuft, können die horrenden Kosten einer großangelegten Werbekampagne aufgefangen werden. Aber die Herstellung von 2000 Kopien des jeweiligen Films stellt einen noch bedeutenderen Kostenfaktor dar.

Ein erfolgsträchtiger Horror-Thriller beispielsweise läuft gleichzeitig in 1500 Kinos an; bei dieser Art von Filmen sieht der normale Verlauf so aus, daß der Film in der ersten Woche eine Riesensumme einspielt und dann bereits steil abstürzt. Ein Horror-Film ohne weiteres Anliegen wird sich in der Regel nicht länger als vier Wochen in den Kinos halten können. Natürlich kommt wenige Monate später schon das Video auf den Markt, aber was soll das Filmstudio mit den 1500 Kopien anfangen? Zunächst einmal kann man sie nach Übersee verfrachten. Die meisten amerikanischen Produktionen werden in anderen Ländern gezeigt, sobald sie in den amerikanischen Kinos nicht mehr gefragt sind. Aber irgendwann werden auch diese Kopien wieder zurück in ihr Herkunftsland geschickt. Dann werden sie vernichtet; das in den Filmstreifen enthaltene Silber wird extrahiert und an Edelmetallhändler verkauft. Die großen Studios haben wenig Verwendung für 1500 zerkratzte Kopien.

Mark Gill von Columbia Pictures teilte uns mit, daß sein Studio zwanzig bis dreißig Kopien von jedem Film aufbewahrt – für die Ewigkeit. Von vielen älteren Filmen aus den frühen zwanziger Jahren existieren jedoch keine Kopien mehr – manche sind im Laufe der Jahre verrottet; andere wiederum fehlen, weil niemals jemand dafür gesorgt hat, daß Archivexemplare aufbewahrt wurden. Mit den modernen Speichertechnologien (die Filme liegen tausendfach auf Video, auf Laser-Disc, in Bilddatenbanken, bei Kabelfernsehsendern etc. vor) ist es sehr unwahrscheinlich geworden, daß ein Film komplett von der Bildfläche verschwindet – obwohl man sich das bei mehr als einem wünscht. Aber das Problem der Beseitigung der Kopien bleibt.

Eingesandt von Ken Shafer aus Traverse City, Michigan.
Gedankt sei außerdem John DuVall aus Fort Pierce, Florida.

31

WARUM gehört Balsaholz zu den Harthölzern, wo es doch so weich ist? Worin besteht der Unterschied zwischen Hart- und Weichhölzern?

Selbst wenn Sie uns für naiv halten – aber wir dachten tatsächlich, daß der Unterschied zwischen Hartholz und Weichholz darin liege, daß Hartholz härter als Weichholz sei. Wie dumm wir waren ... Aber in Wirklichkeit ist das Leben ungerecht und unsere Sprache unlogisch.
Der Unterschied zwischen einem Hartholz und einem Weichholz besteht jedenfalls in der Art und Weise, wie der Baum seine Samen hervorbringt. Weichhölzer wie Kiefer, Fichte und Tanne zählen zu den Gymnospermen, den sogenannten Nacktsamern, die Samen ohne Hülle hervorbringen. John A. Pitcher, Direktor des Hardwood Research Council, erzählte uns, daß man die Samen einer Kiefer zwischen den Sparren des Kiefernzapfens liegen sehen kann. »Außer dem hölzernen Zapfen haben sie keine Umhüllung.«
Harthölzer hingegen zählen zu den Angiospermen, den bedecktsamigen Blütenpflanzen. Sie sind, wie der Name schon sagt, regelrechte Blütenpflanzen, deren Samen sich eingebettet in Kapseln, Früchten oder Hülsen befinden. Zu dieser Kategorie zählen Efeugewächse, Liliengewächse und Walnußbäume. Harthölzer werfen in gemäßigten Klimazonen in der Regel auch ihr Laub

ab, während Weichhölzer zu den Immergrünen gehören. In tropischen Klimazonen jedoch behalten auch viele Harthölzer ihr Laub rund ums Jahr.
Man kann zwar beobachten, daß viele Weichhölzer tatsächlich weicheres Holz haben (das sich einfacher verarbeiten läßt) und viele Harthölzer ihrem Namen wirklich alle Ehre machen und kompaktes, widerstandsfähiges Holz aufweisen, doch ist diese Faustregel nicht verläßlich. Pitcher schickte uns ein Büchlein mit, das Auskunft über das spezifische Gewicht der wichtigsten amerikanischen Nutzhölzer gibt; anhand eines Beispiels verdeutlicht er die Problematik:

> Mit einem spezifischen Gewicht von 0,16 ist Balsaholz das leichteste der dort aufgeführten Hölzer, während der Lebensbaum mit einem spezifischen Gewicht von 1,05 die schwerste bekannte Holzart ist – beide zählen zu den Harthölzern.

32

HABEN die Ohrläppchen eine besondere Funktion?

Unsere Experten waren allesamt einer Meinung: Ja, die Ohrläppchen haben eine besondere Funktion! Sie sind bestens dafür geeignet, mit Ohrringen ausgestattet zu werden.

Aber es gibt noch weitere Theorien. Der Hals-Nasen-Ohren-Spezialist Dr. Ben Jenkins aus Kingsland, Georgia, erinnert sich daran, einen Bericht gelesen zu haben, in dem die Spekulation dargelegt wurde, daß die Ohrläppchen unserer Vorfahren, die sich noch auf allen vieren fortbewegten, viel länger als unsere heute und nach innen geklappt waren, so daß sie die Gehörgänge vor Verschmutzung schützten. Der Biologe John F. Hertner lieferte uns eine andere anthropologische Theorie: nämlich die, daß die Ohrläppchen in grauer Vorzeit bei der Wahl des Sexualpartners als besonderes Anziehungsmerkmal dienten.

Stellt man Ärzten und Biologen Fragen, die sich wie diese auf mögliche Funktionen scheinbar unbedeutender anatomischer Details beziehen, so bekommt man schnell ein Schulterzucken zur Antwort.

Diese Spezialisten sind sehr häufig der Ansicht, daß nicht jedes Organ und nicht jeder Teil unseres Körpers für unser Wohlergehen von Bedeutung ist und daß nicht jedes überflüssige Detail unseres Körpers sofort in dem

Augenblick, in dem es nicht mehr gebraucht wird, eliminiert wird.

Eher das Gegenteil ist der Fall. Anatomische Merkmale aus grauer Vorzeit bleiben uns erhalten, solange sie nicht zu einem Nachteil werden oder Schaden bringen. Professor Hertner bringt es folgendermaßen auf den Punkt:

> Die Natur konserviert genetische Informationen so lange, bis ein Selektionsdruck gegen das jeweilige Merkmal entsteht. So gesehen, ist der menschliche Körper ein Museum unseres evolutionären Erbes.

Eingesandt von Dianne Love
aus Seaside Park, New Jersey.

33

WARUM
wird Butter, nachdem man die Packung geöffnet hat, im Kühlschrank dunkler und fester?

Butter verfärbt sich aus demselben Grund, aus dem auch Bananen oder Äpfel dunkler werden: wegen der Oxidation. Und obgleich Butter von Natur aus keine Schale besitzt, die sie vor den Einwirkungen der Luft schützt, ist sie doch in Papier eingewickelt, bevor der Konsument sie dieser Hülle beraubt. Erst dann, erst wenn das Papier entfernt oder zumindest geöffnet ist, wird die Butter dunkler.

Und warum wird sie fester? Die im Kühlschrank herrschende Kälte hat zur Folge, daß die in der Butter enthaltene Feuchtigkeit verdunstet.

Eingesandt von Mitchell Hofing aus New York, New York.

34

WARUM sind Wassertürme so hoch?

In kleinen Dörfern und Städtchen ist der Wasserturm oft das mit Abstand höchste Gebäude.
Warum braucht man denn überhaupt noch Wassertürme, wo doch die meisten Gemeinden ihr Wasser aus großen Reservoirs beziehen? Und warum sind sie so hoch?
Dr. Paul J. Godfrey, Direktor des Water Resources Center der University of Massachusetts in Amherst, gab uns eine Antwort auf diese Fragen:

> Die Aufgabe, eine Gemeinde mit Wasser zu versorgen, umfaßt die Verpflichtung, sowohl bei normaler Nachfrage als auch bei ungewöhnlich hoher Nachfrage (zum Beispiel im Fall eines Großbrands) ausreichende Mengen von Wasser zur Verfügung zu stellen; außerdem muß der Wasserdruck genügend hoch sein.

Dank seines Volumens stellt der Wasserturm ein Reservoir dar, das den Anforderungen während der morgendlichen und abendlichen Spitzenverbrauchszeiten gerecht wird und außerdem dafür sorgt, daß sich die natürlichen Ressourcen während Phasen geringerer Wassernachfrage wieder auffüllen können. Das Fassungsvermögen eines Wasserturms wird so bestimmt, daß immer ausreichend Wasser vorhanden ist, um beispielsweise während der Hauptnachfrageperioden zusätzlich einen Großbrand zu löschen. Diese Verwendungszwecke erfordern allerdings noch keine bestimmte Höhe des Turms.

Die Turmhöhe sorgt für einen gewissen Wasserdruck. Wasser sucht sich immer sein eigenes Niveau. Füllen wir beispielsweise einen Schlauch mit Wasser und bringen beide Enden des Schlauchs auf exakt dieselbe Höhe, so läuft kein Wasser aus. Befindet sich jedoch ein Schlauchende auf einem höheren Niveau als das andere, läuft Wasser aus dem niedriger gelegenen Ende. Je mehr Wasser sich über dem niedrigeren Ende befindet (und je höher folglich auch das darauf lastende Gewicht ist), desto höher ist der Druck, mit dem das Wasser aus diesem Schlauchende schießt. Ein Wasserturm hat die Aufgabe, über einen möglichst hohen Wasserstand einen ausreichend hohen Wasserdruck zur Verfügung zu stellen.

Eine Alternative bestünde darin, elektrische Pumpen zu installieren, die das Wasser aus dem Speicher pumpen, doch dies ist eine ineffiziente Technologie. Peter Black, Präsident der American Water Resources, erklärte uns, daß man eine solche Pumpe immer dann in Gang setzen müßte, wenn irgend jemand gerade Wasser benötigt.

Das System, nach dem ein Wasserturm funktioniert, mag vielleicht nicht gerade eine High-tech-Lösung sein, doch es erfüllt seinen Zweck, immer vorausgesetzt, folgende von Dr. Godfrey genannte Punkte werden berücksichtigt:

> Um einen für die Versorgung der ganzen Gemeinde ausreichend großen Wasserdruck zu erzeugen, muß der Wasserturm höher liegen als sämtliche Wasserhähne der Ortschaft und außerdem hoch genug, um genügend Druck zur Bekämpfung eines Brands zu

erzeugen. In manchen Gemeinden reicht der Druck zur Versorgung hoher Gebäude nicht aus; dieses Problem löst man mit zusätzlichen Pumpen und auf den Dächern der jeweiligen Gebäude installierten Speichertanks. Der Wasserdruck muß in allen Teilen der Gemeinde sorgfältig kontrolliert werden. Ist er zu niedrig, kann sich das bei einem Brand verhängnisvoll auswirken. Ein zu hoher Wasserdruck hingegen strapaziert die Ventile und Dichtungen über Gebühr oder bringt sie sogar zum Platzen. In Gemeinden, in deren Nähe sich Hügel befinden, ist das Wasserreservoir in der Regel auf einer der Erhebungen erbaut; ist der Hügel hoch genug, muß es nicht einmal ein Turm sein. Gemeinden, die keinen Hügel zu bieten haben, müssen dieses Manko kompensieren, indem sie einen Wasserturm erbauen, der das höchste Gebäude der Ortschaft überragt.

Wassertürme sind also nicht so hoch, um dem Bürgermeister der Gemeinde zur Ehre zu gereichen, sondern um uns Energie und Geld zu sparen. Aber wie uns Jay H. Lehr von der Association of Ground Water erklärte, haben auch unsere Helden, die wackeren Wassertürme, ihre Macken: »Natürlich verbrauchen Wassertürme auch Energie, denn das Wasser muß ja erst einmal in den hochgelegenen Speicher gepumpt werden.«

Eingesandt von Cheri Klimes aus Cedar Rapids, Iowa.
Gedankt sei außerdem
George Armbruster aus Greenbelt, Maryland,
Gary Moore aus Denton, Texas,
und Jason und Bobby Nystrom aus Destrehan, Louisiana.

35

WARUM *sind manche Wassermelonenkerne weiß und andere schwarz?*

Die meisten von Ihnen glauben wahrscheinlich, daß alle Wassermelonen sowohl schwarze als auch weiße Kerne haben. Doch ganz so einfach ist die Sache nicht. Gary W. Elmstrom, Professor für Gemüsebau an der University of Florida, erklärt uns dazu folgendes:

> Die unterschiedlichen Wassermelonen-Sorten weisen eine breite Palette an verschiedenfarbigen Samen auf. Die Farben reifer Samen reichen je nach Sorte von beinahe reinem Weiß bis hin zu tiefem Schwarz. Eine Wassermelonen-Sorte mit Namen ›Congo‹ hat weiße Samen, während ›Jubilee‹ schwarze Samen hervorbringt. Es gibt außerdem Gene für rote Wassermelonensamen. Die Farbe der Samen ist genetisch festgelegt – wie die Augenfarbe der Menschen.
>
> Ist also eine Wassermelone, die schwarze und weiße Kerne hat, so wie ein Mensch mit einem blauen und einem braunen Auge? Nicht ganz. Dazu erklärt Professor Elmstrom: »Ebenso wie aus blauäugigen Babies braunäugige Kleinkinder werden können, kann ein weißer Samen sich in einen schwarzen verwandeln.«

Eingesandt von John K. Aldrich aus Littleton, Colorado. Gedankt sei außerdem J. R. Shepard aus Plantation, Florida.

36

WARUM
stinkt es in der Umgebung von Papierfabriken immer so?

Rose Marie Kenny von Hammermill Papers schimpfte mit uns, weil wir die falsche Frage gestellt haben. Es sind nicht die Papierfabriken, in deren Umgebung es so unangenehm riecht, sondern die Zellstoffwerke.
Sie haben vollkommen recht, Frau Kenny. Wir waren so beschäftigt, unsere Nasen in den Wind zu halten und den Geruch nach verfaulten Eiern zu erschnüffeln, daß uns entgangen ist, daß es sich bei dem Verursacher des üblen Gestanks um eine Zellstoffabrik und nicht um eine Papiermühle handelte.
Wir baten Stephen Smulski, Professor für Holzwissenschaften an der University of Massachusetts in Amherst, uns zu erklären, wie aus frisch duftenden Bäumen faulig stinkender Zellstoff wird.

> Papier ist im Grund nichts anderes als eine dünne Schicht ineinander verhedderter Holzfasern, von denen jede einem etwa 1,3 Zentimeter langen Strohhalm mit spitz zulaufenden, geschlossenen Enden gleicht. Die Holzfasern eines lebendigen Baumes bestehen hauptsächlich aus Zellulose und werden von einer klebstoffähnlichen Substanz namens Lignin zusammengehalten. Damit Holz zu Papier verarbeitet werden kann, müssen die einzelnen Holzfasern voneinander getrennt werden. Der

Baumstamm wird kleingehäckselt und mit chemischen Substanzen behandelt, die das Lignin auflösen; der Holzfaserbrei, der in diesem Prozeß entsteht, nennt sich Zellstoff.

Bei den chemischen Substanzen, die das Lignin auflösen, handelt es sich um Natriumhydroxyd (NaOH) und Natriumschwefel (Na_2S). Obgleich diese Substanzen in einem geschlossenen Kreislauf wiederverwendet und entweichende Gase mit modernen Filteranlagen gereinigt werden, verflüchtigen sich doch immer wieder kleine Mengen von Schwefelgas. Sie sind verantwortlich für den Geruch, der an faulige Eier erinnert.

Zum großen Leidwesen für uns alle und für besonders jene Mitmenschen, die in der Nähe eines Zellstoffwerkes wohnen, muß man nicht die feine Nase eines Spürhundes besitzen, um den Schwefelgeruch wahrzunehmen. Doug Matyka von Georgia-Pacific's Tissue erklärte uns, daß diese Chemikalien sogar in Verdünnungen von 1:1000000 und weit darunter geruchlich wahrnehmbar seien.

Will sich nun in Ihrer Nähe eine Papierfabrik ansiedeln, müssen Sie nicht gleich in Panik verfallen; statt dessen sollten Sie einige Fakten klären. Nicht alle Papierfabriken stellen den bei der Papierproduktion benötigten Zellstoff selbst her; viele beziehen den fertigen Zellstoffbrei von speziellen Zellstofffabriken.

Viele Verfahren zur Herstellung von Papier kommen sogar ohne Schwefel aus. Die schlimmsten Gerüche entstehen allerdings bei der Herstellung von Zellstoff für Packpapier. Gäbe es eine andere Papierart, die so strapazierfähig, reißfest und kostengünstig wie das Packpapier wäre, hätte sich die Papierindustrie schon längst umgestellt – schließlich müssen ja auch die Angestellten der Papiermühlen mit dem Geruch leben ... Nachdem wir jetzt so ausgiebig auf der Zellstoffindustrie herumgehackt haben, sollten wir fairerweise unseren Lesern die folgenden Tatsachen nicht verschweigen:

1. Ohne Zellstoff kein Papier; laut Frau Kenny besteht Papier zu 80 Prozent aus Zellstoff.
2. Hochmoderne Filteranlagen haben das Geruchsproblem wesentlich entschärft; außerdem gelten für Zellstoffwerke strenge Bestimmungen hinsichtlich der Geruchsemissionen und der Abwässer. Der Schwefelgeruch ist zwar äußerst unangenehm, aber nicht gefährlich.
3. Nicht nur Zellstoffwerke produzieren üble Gerüche. Doug Matyka bemerkte, daß von Autos mit Katalysator ausgestoßene Abgase ähnlich schwefelig riechen – fast wie ein Mini-Zellstoffwerk. Derselbe Geruch entsteht übrigens auch bei bestimmten Abläufen im menschlichen Körper – Sie wissen schon, wovon die Rede ist. Und schließlich machte uns Doug Matyka darauf aufmerksam, daß der geflügelte Ausdruck »wie verfaulte Eier stinken« seinen Ursprung nicht in einem Zellstoffwerk hat, sondern sich tatsächlich auf verfaulte Eier bezieht.

Stimmt. Aber trotzdem macht es mehr Spaß, auf der Industrie als auf einem Huhn herumzuhacken.

Eingesandt von Barry Long aus Alexandria, Virginia.

37

WARUM sind Autobatterien so schwer? Und warum können sie nicht kleiner sein?

Natürlich wären den Verbrauchern Autobatterien im handlichen Mini-Format lieber. Ist die alte Batterie leer, bräuchte der Fahrer nur ins Handschuhfach langen und eine Mini-Batterie herauszuholen, die er zu Hause neu aufgeladen hat.

Auch die Automobilhersteller haben ein Interesse daran, die Größe von Autobatterien zu reduzieren. Mit kleineren und leichteren Batterien ließe sich Material einsparen und letztlich auch der Benzinverbrauch senken. Also haben sich die Hersteller bereits einige Mühe gegeben. In manchen Fällen sind die Batterien nur noch halb so groß wie vor zwanzig Jahren. Aber trotzdem kann man wohl die Hoffnung aufgeben, daß es in der nächsten Zukunft richtige Mini-Batterien geben wird. Stephen Bomer von Automotive Battery Charger Manufacturers schrieb uns, daß schwere Bleiplatten ein Hauptbestandteil von Autobatterien seien. »Und für Blei ist noch kein Ersatzmaterial gefunden worden, das dieselbe Funktion übernehmen und die benötigte Voltstärke produzieren könnte.«

H. Dale Millay von Shell Oil teilte uns mit, daß es um so einfacher ist, den benötigten Strom herzustellen, je größer die Oberfläche der Bleiplatten in der Batterie ist.

Millay ist der Ansicht, daß wir den Preis für kleinere Autobatterien bereits gezahlt haben: Obgleich moderne Autobatterien auch bei Kaltstarts einwandfrei anspringen, haben sie doch geringe Reservekapazitäten. Im Klartext heißt das: Sie halten weniger lange.

Das entschlossenste Plädoyer für die großen, schweren Autobatterien lieferte uns John J. Surrette, der Vize-Präsident von Rolls Battery Engineering:

> Je dünner man die Bleiplatten in der Batterie macht, desto weniger Material benötigt man ... Je schwerer das Material, desto robuster die Batterie ... und desto länger ihre Lebensdauer. Benutzt man dünnere Platten, verringert sich die Kapazität an Stundenampere. Benutzt man schwereres Material, wie es in der Seefahrt und in der Industrie der Fall ist, so kann man mit einer deutlich erhöhten Lebensdauer rechnen.
>
> Über Mini-Batterien würden sich bestimmt viele Verbraucher freuen, aber sie sind nicht widerstandsfähig und leistungskräftig genug.

Eine Marketingstrategie der Firma Rolls besteht sogar darin, die *Schwere* ihrer Batterien zu betonen. Stolz weisen sie auf die Verwendung von Schiffsbatterien hin, deren Bleiplatten eine Dicke von 0,3 Zentimeter aufweisen, während die Bleiplatten normaler Autobatterien oftmals nur eine Dicke von 0,1 Zentimeter zu bieten haben.

Eingesandt von Becky Brown aus Iowa City, Iowa.

38

WASSER
setzt sich aus zwei Teilen Wasserstoff und einem Teil Sauerstoff zusammen. Warum kann man mit dieser Rezeptur nicht künstlich Wasser herstellen, um damit lange Trockenperioden unbeschadet zu überstehen?

Theoretisch ließe sich aus Wasserstoff und Sauerstoff Wasser herstellen, doch das ist eine ziemlich teure Angelegenheit, die unter Umständen auch auf Kosten der Umwelt geht.
Brian Bigley, Chemiker bei der Systech Environmental Corporation, erklärte uns, daß die meisten Verfahren zur Herstellung von Wasser nicht praktikabel sind, weil man zur Gewinnung einer relativ kleinen Menge Wasser enorme Mengen von Wasserstoff und Sauerstoff benötigt – ein ziemlich teurer Spaß. Zu den hohen Materialkosten kämen natürlich noch die Produktions- und Personalkosten, die anfallen würden, wenn man eine »Wasserfabrik« betriebe.
Bigley nennt noch ein anderes mögliches Verfahren zur Herstellung von Wasser: Wasser ließe sich bei der Verbrennung von Methan in einer Sauerstoffatmosphäre als Nebenprodukt gewinnen.

Aber auch das ist reine Energieverschwendung. Methan ist ein perfekter Brennstoff und sollte auch als solcher verwendet werden. Methan als Grundstoff zur Wasserherstellung einzusetzen wäre so, als würde man sich mit einer Dollarnote die Nase putzen, anstelle eine Packung Papiertaschentücher zu kaufen, die ein paar Cent kostet.

Die beste Langzeitlösung gegen Trockenperioden ist die Entsalzung von Meerwasser. Wir verfügen bereits über die technischen Möglichkeiten, Meerwasser zu entsalzen, so daß es Trinkwasserqualität bekommt, aber auch dieses Verfahren ist noch zu kostenintensiv, als daß man es auf breiter Ebene einsetzen könnte. Erst wenn Wasser zu einem so wertvollen und knappen Gut wie Öl oder Gold geworden ist, macht es Sinn, in großem Rahmen Entsalzungsanlagen zu bauen.

Eingesandt von Bill Irvin aus Fremont, Kalifornien.

39

WARUM hört sich die Stimme so hoch und albern an, wenn man Helium eingeatmet hat?

Da uns diese Frage von zahlreichen Lesern gestellt wurde, haben wir mehrere Chemiker und Physiker darauf angesprochen. Ihre Antworten waren allerdings recht unterschiedlich. Die vielleicht überzeugendste und umfassendste Antwort erhielten wir von George B. Kauffmann:

> Klang wird durch die Stimulierung der Hörorgane mittels in die Luft oder in ein anderes Medium übertragene Vibrationen produziert. Geräusche mit niedriger Frequenz werden als tiefe Töne, Geräusche mit hoher Frequenz entsprechend als hohe Töne wahrgenommen. Die Frequenz eines Geräuschs (und folglich auch dessen Tonhöhe) steht in Zusammenhang mit dem Medium, durch das die Schwingungen übertragen werden. Je weniger dicht das Medium, desto höher die Schwingungsfrequenz und somit auch der Klang. Die Dichte von Gasen steht in direkt proportionalem Verhältnis zu deren Molekulargewicht. Da die Dichte von Helium (Molekulargewicht 4) geringer ist als die von Luft (die ein Gemisch aus 78 Prozent Stickstoff mit einem Molekulargewicht von 28 und etwa 20 Prozent Sauerstoff mit einem Molekulargewicht vom 32 darstellt), schwingen die Stimmbänder in einer

Heliumatmosphäre wesentlich schneller, also mit einer höheren Frequenz, als in Luft, und deshalb hört sich die Stimme des Sprechenden höher an. Dieser Effekt ist bei männlichen Stimmen, die tiefer sind als die von Frauen, schneller zu erreichen.

Die Stimmhöhe kann umgekehrt auch gesenkt werden, wenn man statt Helium andere Edelgase einatmet, solche, die schwerer als Luft sind, zum Beispiel Xenon, das ein Molekulargewicht von 131,29 aufweist.

Brian Bigley, Chemiker bei der Systech Environmental Corporation, erklärte uns, daß zur Behandlung von Asthma und anderen Erkrankungen der Atemwege Heliumgemische eingesetzt werden. Patienten, die unter Atembeschwerden leiden, können Helium sehr viel leichter einatmen als Luft, weil die Lungenmuskulatur beim Einatmen von Helium weniger arbeiten muß als beim Einatmen von Sauerstoff.

Eingesandt von Jim Albert aus Cary, North Carolina.
Gedankt sei außerdem
James Wheaton aus Plattburg AFB, New York,
Nancy Sampson aus West Milford, New Jersey,
Karen Riddick aus Dresden, Tennessee,
Loren A. Larson aus Altamonte Springs, Florida,
und Teresa Bankhead aus Culpepper, Virginia.

40

WARUM
ist das Waldhorn für Linkshänder konstruiert?

Wir hoffen, daß diese Frage nicht von zwei Linkshändern gestellt wurde, die dieses Instrument nur erlernt haben, weil sie sich in dem Glauben befanden, das Waldhorn sei tatsächlich ausschließlich für sie gebaut worden. Falls dem so ist, Herr Corcoran und Herr Zitzman, wird es für Sie nun ein bitteres Erwachen geben.
Wenn wir während der vielen Jahre, die wir uns nun schon auf dem Minenfeld der Imponderabilien bewegen, überhaupt etwas gelernt haben, dann soviel, daß es *nichts* gibt, das für Linkshänder konzipiert ist – ausgenommen jene Produkte, die ausschließlich für Linkshänder hergestellt werden und grundsätzlich das Doppelte von dem kosten, was man für die »Normalversion« hinblättern muß.
Zunächst einmal ein paar Grundinformationen: Das Waldhorn ist ein Blechblasinstrument, dessen Rohr vom trichterförmigen Mundstück aus in einer kreisförmigen Windung verläuft bis zu einer konischen Erweiterung, die in dem Schalltrichter endet. Und damit sich auch Laien eine Vorstellung vom Waldhorn machen können: Es sieht aus wie ein Messingring, in dessen Mitte sich einige Ventile befinden; der gewundene Messingring öffnet sich trichterförmig. Der Waldhornspieler steckt seine rechte Hand in die trichterförmige Öffnung, um

Halbtöne zu erzeugen; mit der linken Hand bedient er die drei Ventile. Die eigentliche Frage lautet also: Warum ist das nicht umgekehrt? Warum kann man nicht die linke Hand in den Trichter stecken und mit der rechten die Ventile bedienen?
Vielleicht können Sie es sich schon denken. Das Instrument hatte ursprünglich gar keine Ventile! Dr. Kristin Thelander, Musikprofessorin an der University of Iowa School of Music und Mitglied der International Horn Society, führt dazu folgendes aus:

> Zwischen 1750 und 1840 hatte das Waldhorn noch keine Ventile; die Spieltechnik unterschied sich also wesentlich von der heutigen. Die Instrumente wurden mit austauschbaren Klangkörpern gebaut, so daß man die Tonlage des Waldhorns an das jeweilige Musikstück anpassen konnte. Die verschiedenen Halbtöne erzeugte man dadurch, daß man die Hand in den Schalltrichter einführte.
>
> Dazu benutzte man die rechte Hand, wahrscheinlich deshalb, weil die meisten Menschen auch damals Rechtshänder waren. Eine andere Theorie bezieht sich auf das Jagdhorn als ›Vorläufer‹ des Waldhorns. Es wurde bei Jagden zu Pferde geblasen, und der Reiter hielt dabei das Instrument in seiner Linken, weil er mit der Rechten die Zügel halten mußte.
>
> Selbst nachdem die Ventile hinzugekommen waren, war zur Erzeugung der Halbtöne noch große Geschicklichkeit gefragt; deshalb wurden die Ventile so angebracht, daß man sie mit der linken Hand bediente.

Bei einem modernen Waldhorn allerdings ist diese Handtechnik nicht länger notwendig. Nachdem aber so viele Generationen mit dieser Anordnung aufgewachsen sind, ist die Handstellung unverändert geblieben. Die Trägheit triumphiert wieder einmal, obgleich es für Rechtshänder bequemer wäre, die Ventile mit der Rechten zu bedienen. Aber wenigstens einmal sollen die ach so stiefmütterlich behandelten Linkshänder auch zu ihrem Recht kommen; schließlich müssen sie sich ja mit all den anderen Rechtshänder-Instrumenten genug herumschlagen.

Eingesandt von Edward Corcoran
aus South Windsor, Connecticut.
Gedankt sei außerdem
Manfred S. Zitzman aus Wyomissing, Pennsylvania.

41

WARUM
wird es uns warm, wenn wir erröten?

Wir erröten – normalerweise geschieht das infolge einer Gefühlsregung wie etwa Verlegenheit (wir zum Beispiel erröten häufig bei der Lektüre einer Passage aus unseren Büchern) –, weil sich die direkt unter der Haut gelegenen Blutgefäße erweitert haben. Eine größere Menge Blut strömt in Richtung Hautoberfläche, die sich daraufhin rot verfärbt.

Wir erröten jedoch nicht nur, wie häufig angenommen, im Gesicht; ein vermehrter Blutzustrom ist auch am Hals und am Oberkörper festzustellen. John Hertner, Biologieprofessor am Kearney State College von Nebraska, erklärte uns dazu folgendes:

> Durch diesen vermehrten Blutzustrom wird Wärme aus dem Körperinneren nach außen direkt unter die Haut transportiert, wo sie von den Nervenrezeptoren wahrgenommen wird. In Wirklichkeit allerdings wird die Wärmewelle im Gehirn festgestellt, nachdem die unter der Haut liegenden Rezeptoren ihre Informationen an das Gehirn geschickt haben.

Aufgrund dieser Verbindung zwischen unserer Haut und unserem Gehirn wird es uns exakt im Augenblick des Errötens warm.

Eingesandt von Steve Tilki aus Derby, Connecticut.

42

WELCHEN
Geschmack sollte Kaugummi haben?

»Keinen bestimmten«, gab ein Vertreter von Bubble Yum zur Antwort, als er nach *dem* Geschmack von Kaugummi gefragt wurde. »Fruchtgeschmack – so eine Art Tutti Frutti«, erwiderte ein Vertreter von Topps.
Auf soviel Geheimniskrämerei sind wir nicht mehr gestoßen, seit wir den Kaugummihersteller Wrigley nach der Geschmacksrezeptur der Juicy-Fruit-Kaugummis fragten.
Bruce C. Wittmaier war der einzige Experte, den wir zu einer Antwort auf unsere aktuelle Frage bewegen konnten.
Glücklicherweise bezog Herr Wittmaier seine Antwort direkt von Walter Diemer, einem bewährten Kaugummi-Fachmann von der Fleer Corporation. Der Geschmack des »klassischen Kaugummis« setzt sich also aus folgenden Aromen zusammen: »Wintergrünbeere, Vanille und Johannisbeere.«

Eingesandt von John Geesy aus Phoenix, Arizona.

43

WARUM
kann man mit bestimmten Kaugummisorten besser Blasen machen als mit anderen?

Alle Kaugummis bestehen aus einer Basismasse: Zucker (oder, im Fall zuckerfreier Kaugummis, Sorbitol), Weichmachern und Geschmacksaromen. Der Schlüssel zu guten Blasen liegt in der Basismasse. Bis vor kurzem bestand die Basismasse noch hauptsächlich aus Baumharz; heute jedoch setzen die Kaugummihersteller Polyvinylacetat ein, ein künstliches Harz. Damit man eine wirklich gute Blase produzieren kann, muß die Masse kräftig genug sein, um dem von der Zunge ausgeübten Druck sowie der anschließend eingeblasenen Luft standhalten zu können; außerdem muß sie aber auch elastisch genug sein, um sich gleichmäßig auszudehnen. Die Zutat, die für Blasen-Fans den kleinen, aber feinen Unterschied macht, ist eine spezielle Basismasse, die synthetisch hergestellt wird und dehnbarer als reines Harz ist. Diese Basismasse sorgt für größtmögliche Elastizität. Auf diese Weise entstehen so große Blasen, daß ganze Kindergesichter, von den Augen bis zum Kinn, unter einer rosafarbenen klebrigen Schicht verschwinden.

Eingesandt von Karin Norris aus Salinas, Kalifornien.

44

WARUM
juckt Schorf auf einer Wunde immer so?

Der Schorf juckt gar nicht, liebe Ruth, es sind die Menschen. Ehrlich: Ein Grind oder Schorf ist nichts weiter als eine Schicht aus getrocknetem Blut und Gewebefasern, die sich auf einer Wunde bildet. Was juckt, ist die Wunde.

Jucken wird über dieselben Nervenverbindungen wie Schmerzen geleitet. Die meisten Wissenschaftler und Ärzte sind derselben Meinung wie der Hautarzt Jerome S. Litt: »Jucken ist ein geringfügiger Schmerz.« Litt erklärt uns, warum Wunden jucken:

> Während des Heilungsprozesses kommt es an einigen der Nervenfasern, die sowohl Schmerz- als auch Juckempfindungen weiterleiten, zu Reizungen oder gar Entzündungen. Dieser Prozeß hat das allseits bekannte Jucken zur Folge. Reichte der Schorf noch tiefer in das Gewebe hinein, würden wir regelrechte Schmerzen verspüren.

Aber was geschieht, daß es während des Heilungsprozesses zu einer Reizung der Nervenfasern kommt? Wunden »reparieren« sich selbst und schrumpfen dabei etwas zusammen; zum einen aufgrund der Hautelastizität, zum anderen deshalb, weil der Grind Druck auf die Wunde ausübt und spannt.

Seltener allerdings rührt das Jucken von einer kleinen Entzündung oder winzigen Rissen im trocknenden

Schorf her. Der Hautarzt Samuel T. Selden aus Chesapeake, Virginia, behandelt Wunden mit feuchtigkeitsspendenden Umschlägen, so daß die Wunde abheilen kann, ohne daß sich ein Grind bildet. Er berichtet, daß sich seine Patienten noch nie über Juckreiz beklagt haben.

Eingesandt von Ruth Gudz aus Prescott, Arizona.
Gedankt sei außerdem
Tricia Roland aus St. Louis, Missouri.

45

WELCHE Aufgabe haben die Löcher, die man an vielen Herrenhüten findet? Sind sie als Verzierung gedacht? Oder zur Belüftung? Vielleicht als Haltevorrichtung für Federn? Oder wozu sonst?

Der Autor und Experte in Sachen Bekleidungsgeschichte G. Bruce Boyer braucht nicht lange nachzudenken: »Die Löcher in Herrenhüten, die in der Regel seitlich angebracht sind, dienen einzig und allein der Belüftung.« Die Huthersteller, die wir zusätzlich befragten, stimmten Herrn Boyer ausnahmslos zu. Federn werden normalerweise ins Hutband gesteckt, nicht in die Löcher. Als Verzierung dienen die Löcher ganz gewiß auch nicht. Als wir unserem Fragesteller, stolz auf unser neuerworbenes Wissen, die Antwort mitteilten, stellte er uns gleich die nächste Frage: Wenn die Löcher der Belüftung dienen, warum werden sie dann von dem innen in seinem Hut angebrachten Schweißband verdeckt?

Eingesandt von Ron Weinstock aus New York, New York.

46

WIE werden Baby-Shrimps gesäubert und geschält?

Zunehmend maschinell. Die Laitram Corporation mit Sitz in New Orleans, Louisiana, ist im Bereich der Maschinen zum Säubern und Schälen von Shrimps der Marktführer. Die von Laitram hergestellten Maschinen bestehen aus vier Einheiten und sind in der Lage, pro Stunde mehrere hundert Pfund Shrimps zu waschen und zu schälen.

1. der leistungsfähige Shrimp-Schäler pellt pro Stunde 500 bis 900 Pfund Shrimps – ganz egal, ob mit oder ohne Kopf.
2. Die Reinigungsmaschine spült Schalenreste und andere Rückstände ab.
3. Im Abfallsammler werden die im vorigen Schritt abgespülten Rückstände aufgefangen.
4. Im letzten Schritt werden die inneren Organe des Schalentiers entfernt.

Diese Maschinen sind weder besonders handlich noch besonders hübsch – ein solcher Apparat wiegt mehr als zwei Tonnen –, aber sie ermöglichen eine kostensparende Produktion. Mit diesen Maschinen lassen sich die Shrimps auch nach Größe sortieren – ganz egal, ob es sich um Baby-Shrimps oder um Jumbos handelt.

47

WARUM werden Krankenhaus-Nachthemden hinten zugebunden?

Als ob es nicht schon schlimm genug wäre, im Krankenhaus zu liegen! Warum müssen Patienten, die sich unters Messer begeben, sich auch noch der Demütigung unterziehen, in diesen Hemden, die hinten nur durch einige Schleifchen zusammengehalten werden, ihr blankes Hinterteil zur Schau zu stellen?

Wir verstehen ja, daß die Krankenhausverwaltung sich auch noch um andere Dinge als die OP-Kleidung ihrer Patienten zu kümmern hat, doch statt dem unerreichbaren Ideal nachzujagen, den Kranken genießbares Essen anzubieten, sollten sie sich lieber dem wesentlich leichter zu realisierenden Ziel widmen, diese entsetzlichen Schleifchen-Kittel abzuschaffen.

Die ursprüngliche Berechtigung der hinten zuzubindenden Kittel bestand darin, daß es für das Pflegepersonal auf diese Weise einfacher war, bettlägerigen oder frischoperierten Patienten die Kleidung zu wechseln. Hätte die Krankenhauskleidung ihren Verschluß auf der Vorderseite gehabt, hätten die Patienten beim Wäschewechsel weitaus größere Verrenkungen vollführen müssen; sie hätten aufstehen oder angehoben werden müssen.

Vielleicht ist es tatsächlich den Bemühungen der Krankenhauswäsche-Hersteller um mehr »Patientenfreundlichkeit« zu verdanken, vielleicht auch dem wachsenden

Wettbewerb zwischen den Krankenhäusern, die ja kostenbewußter als früher zu wirtschaften haben, daß die Krankenhausverwaltungen allmählich zur Kenntnis nehmen, daß es auch noch Alternativen zu den hinten zugebundenen Kitteln gibt. Scott Hlavaty von dem Wäsche- und Berufsbekleidungs-Giganten Angelica erklärte uns, daß Kittel mit seitlich angebrachten Schleifen bequem für den Patienten und auch nicht schwieriger zu wechseln sind. Angelica und andere Hersteller produzieren Patientenbekleidung, die dem Kranken ein Höchstmaß an Bequemlichkeit und (vor allem) Verhüllung blanker Haut bieten und trotzdem so funktional wie die herkömmlichen Kittel sind. Hlavaty führt dazu aus:

> Es gibt spezielle Kittel, deren Ärmel sich extra entfernen lassen, wenn der Patient an Kanülen und Infusionen hängt, so daß ihm auch in diesem Zustand seine Kleidung gewechselt werden kann. Andere Kittel weisen auf der Vorderseite Klappen und Taschen auf, damit Herzmonitore und Schrittmacher angeschlossen werden können. Die Taschen haben eine rückwärtige Öffnung, um einen reibungslosen Wäschewechsel zu ermöglichen, ohne daß die Geräte entfernt werden müssen.

Die von uns befragten Krankenschwestern wiesen allerdings darauf hin, daß die hinten zu öffnenden Kittel beim Setzen von Spritzen (in den Allerwertesten natürlich) von Vorteil sind. Viele Patienten ziehen es allerdings vor, ihren eigenen Schlafanzug zu tragen, und auch damit werden die patenten Schwestern fertig.

Außer bei schwerkranken Patienten, die diese Kittel tragen müssen, sind die Krankenhäuser in der Pyjama-Frage schon recht großzügig geworden, denn schließlich sollen sich die Kranken ihren Besuchern und Zimmergenossen in einem anständigen Aufzug zeigen dürfen. Die hinten zu schließenden Kittel würden allerdings gar kein größeres Problem darstellen, wenn sie einen Verschluß hätten, der sicherstellen würde, daß keine bloßen Stellen herausschauten. Heute sind Krankenhauskittel auch mit Metall- oder Plastikklemmen oder Klettverschlüssen erhältlich. Und was besonders wichtig ist: Die beiden Kanten des Rückenteils überlappen sich ein gutes Stück.

Klar, daß diese luxuriöse Kleidung ihren Preis hat. Aber wen interessieren in der heutigen Zeit die Kosten – wo ein Tag im Krankenhaus mehr kostet, als ein durchschnittlicher Angestellter in der Woche verdient. Und wie soll man schließlich einen Frischoperierten zu den ersten Schritten ermutigen, wenn er sich mehr Sorgen um den Spott machen muß, den er mit seinem blanken Allerwertesten erntet, als um die schmerzende Wunde . . .

Eingesandt von Diane M. Rhodes aus Herndon, Virginia.

48

WAS ist der Unterschied zwischen brauner und weißer Schokolade?

Der einzige Unterschied zwischen brauner und weißer Schokolade liegt darin, daß braune Schokolade Kakao enthält. Richard T. O'Connell, Vorsitzender der Chocolate Manufacturers Association of the United States of America, erklärte uns dazu:

> Die Kakaobohnen werden gemahlen; anschließend wird mittels einer hydraulischen Presse das Fett entfernt, und übrig bleibt Kakaopulver. Bei der Herstellung von brauner Schokolade finden sowohl das Kakaofett, die sogenannte Kakaobutter, als auch das Kakaopulver Verwendung; bei der Herstellung von weißer Schokolade wird nur die Kakaobutter gebraucht. Kakaobutter ist allerdings cremefarben, und so ist der Begriff »weiße« Schokolade nicht ganz korrekt.

Eingesandt von Vivian Delduca
aus Berkeley Heights, New Jersey.
Gedankt sei außerdem
Fay Gitman aus Pottsville, Pennsylvania.

49

WARUM *sind Großschrift-Bücher nicht mehr so groß wie früher?*

Vor noch fünfundzwanzig Jahren konnte man die Großschrift-Bücher in Buchhandlungen auf den ersten Blick ausmachen – sie benötigten nämlich extrabreite Regale. Und wenn man mehrere Bücher kaufte, brauchte man für den Heimtransport eine Schubkarre.

Das ist vorbei. In der Vergangenheit vergrößerten die Verlage einfach nur die normalen Buchseiten, bis die Schrift auch für Sehbehinderte lesbar war. Heute jedoch werden die Bücher neu gesetzt; auf diese Weise haben Großschrift-Bücher dasselbe handliche Format wie alle anderen Bücher.

Wenn die Schrift größer ist, muß natürlich entweder der Rand um die Schrift herum weichen oder die Seitenzahl erhöht werden. Normalerweise reichen jedoch die Ränder nicht aus, und ein Großschrift-Roman hat deshalb mehr Seiten als sein »Normalschrift-Pendant«. Damit die Großschriftbücher dadurch aber nicht zu dick und schwer werden, wählt man ein besonders dünnes Papier, das allerdings opak genug sein muß, daß die Schrift der anderen Seite nicht durchscheint.

50

WARUM haben manche Kartoffelchips grüne Stellen? Kann man sie gefahrlos essen?

Kartoffeln wachsen bekanntlich unter der Erde heran. Aber manchmal steckt eine besonders vorwitzige Knollenfrucht schon mal ihren Kopf raus. Die Strafe folgt auf dem Fuße – und zwar in Form eines Sonnenbrands. Aber warum werden Kartoffeln grün und nicht rot? Nein, mit Neid hat das nichts zu tun. Die grüne Farbe ist Chlorophyll, das sich immer dann bildet, wenn eine Pflanze dem Licht ausgesetzt ist. Laut Beverly Holmes von Frito-Lay bemühen sich die Hersteller von Kartoffelchips, die grünen Chips auszusortieren. Aber einige entgehen auch der schärfsten Kontrolle:

> Wir lagern unsere Kartoffeln in dunklen Räumen und haben außerdem Kontrollpersonal, das an den Fließbändern steht und die grünen Chips herauspickt. Aber einige gehen immer durch die Lappen.

Ist es gefährlich, diese grünlichen Chips zu essen? Nein, absolut nicht. Die durch Chlorophyll verursachten grünen Flecken sind ebenso harmlos wie ein Blatt Salat; Chlorophyll enthält keine künstlichen Zusätze.

Eingesandt von Dr. John Hardin
aus Greenfield, Indiana.
Gedankt sei außerdem
Ed Hirschfield aus Portage, Michigan.

51

HAT der Mond Auswirkungen auf Seen und Teiche? Falls nicht, warum bestimmt er nur die Gezeiten der Meere? Und warum haben Seen keine Gezeiten?

Robert Burnham, Chefredakteur der Zeitschrift *Astronomy,* war so freundlich, uns eine faszinierende Antwort auf diese interessante Frage zu geben:

> Selbst der größte See ist zu klein, als daß Gezeiten auftreten könnten. Seen und Teiche haben keine Gezeiten, weil ihr Wasser durch die Anziehungskraft des Mondes gemeinsam mit dem darunter befindlichen Boden angehoben wird. (Unsere solide Erde »beult« sich unter der Mondanziehungskraft maximal 45 bis 50 Zentimeter aus, was für uns Menschen allerdings nicht spürbar ist, da alles um uns herum ebenfalls vom Mond angezogen wird.)
>
> Außerdem haben Seen oder Teiche keine offene Verbindung zu anderen großen Wasserflächen irgendwo sonst auf dem Globus, aus denen bei Flut Wasser nachfließen und in die bei Ebbe Wasser abfließen könnte. Die Meere hingegen unterliegen den Gezeiten, weil sich das Wasser in ihnen ungehindert und grenzenlos bewegen kann.
>
> Auf der dem Mond zugewandten Seite der Erde wird das Wasser der entsprechenden Meere in Richtung Mond angezogen; die vermehrte Wasseransamm-

lung nennt man Flut. Auf der anderen Seite der Erde wird in diesem Augenblick durch die Anziehungskraft des Mondes die *Erde* vom *Wasser* weggezogen, was ebenfalls Flut zur Folge hat.
Zwischen diesen beiden Punkten herrscht Ebbe, da das Wasser der dort befindlichen Meere dorthin fließt, wo gerade Flut ist. (Übrigens übt auch die Sonne eine Gezeitenwirkung aus, die allerdings weniger als halb so stark wie die des Mondes ist.)
In manchen von Land umschlossenen Meeren wie dem Mittelmeer oder der Ostsee fallen die Gezeiten so schwach aus, daß man das Gefühl hat, sich am Ufer eines Sees aufzuhalten.
Beim Mittelmeer beispielsweise spielen sich die Gezeiten in einem so beschränkten Rahmen ab, weil es nur durch einen relativ engen Durchgang (die Straße von Gibraltar) mit den anderen Weltmeeren verbunden ist. Die Straße von Gibraltar ist sowohl eng als auch flach, was den schnellen Durchfluß großer Wassermengen zweimal pro Tag verhindert. Aus diesem Grund sind die Gezeiten im Mittelmeer nicht stark ausgeprägt. Zwar ist der Atlantik bestrebt, das Mittelmeer bei Flut zu füllen und ihm bei Ebbe Wasser zu entziehen, doch ist die Straße von Gibraltar so eng und flach, daß die Gezeitenuhr schon weitergerückt ist, bevor große Wassermengen das Mittelmeer verlassen bzw. ins Mittelmeer hineinfließen können.

Alan Mac Robert von der Zeitschrift *Sky & Telescope* erklärt ebenfalls, daß eine große zusammenhängende Wasserfläche vonnöten ist, wenn die Gezeiten ausgeprägt ausfallen sollen; dazu lieferte er uns eine kleine Analogie:

Stellen Sie sich ein Tablett voller Sand vor, in den einige mit Wasser gefüllte Fingerhüte versenkt sind; dies stellt eine Landmasse mit Seen dar. Das Tablett läßt sich leicht neigen, ohne daß viel passiert. Stellen Sie sich nun ein mit Wasser gefülltes Tablett vor: einen Ozean. Selbst wenn man das Tablett nur ganz leicht neigt, gerät das Wasser stark in Bewegung und verlagert sich, so daß es über den Rand schwappt.

Eingegangen von einem Anrufer der »Ira Fistel Show« auf KABC-AM, Los Angeles, Kalifornien.

52

WARUM *bezeichnet man nicht-liebliche Weine als trocken?*

Weintrinker streiten sich zwar immer wieder, wieviel Zucker im Wein enthalten sein sollte, unbestritten ist jedoch, daß trockener Wein ebenso naß wie lieblicher Wein ist.

Überraschenderweise konnten sich viele der von uns befragten Weinexperten ebenfalls keinen Reim auf die Bezeichnung »trocken« machen, aber es haben sich zumindest zwei Theorien gefunden.

Weinfachmann W. Ray Hyde erklärte uns, daß die Begrifflichkeit sich sowohl aus der sensorischen Erfahrung beim Trinken als auch aus Marketingüberlegungen herleite:

> Zucker regt die Speicheldrüsen zur Speichelproduktion an; der Mund wird feucht. Säuren hingegen wirken adstringierend; sie ziehen die Speicheldrüsen zusammen, was zur Folge hat, daß sich der Mund trocken anfühlt. Aber es geht auch um Sprache: Die Weinhersteller wissen sehr genau, daß die Verbraucher »lieblichen« Wein gegenüber einem »feuchten« und »trockenen« Wein gegenüber einem »sauren« bevorzugen.

Irving Smith Kogan vom Champagne News and Information Bureau hingegen machte uns mit einer faszinierenden linguistischen Theorie bekannt:

Die Erklärung liegt in der französischen Sprache. *»Sec«* ist ein Synonym von mager und bedeutet *peu charnu,* also »ohne Fleisch«, ohne Weichheit, ohne Geschmeidigkeit. Dieses Bild findet sich beispielsweise auch in dem Begriff »knochentrocken« wieder. *»Sec«* heißt aber auch soviel wie schroff, hart und herb (wofür im Französischen außerdem der Begriff »brut« existiert), also ungesüßt.
Die Abgrenzung »lieblich« gegen »trocken« läßt sich nicht auf Champagner übertragen. Im Fall von Champagner war der Wein ursprünglich als *»doux«* ausgewiesen, was das französische Wort für süß ist. In der Mitte des neunzehnten Jahrhunderts jedoch beschloß eine Champagnerproduzentin namens Louise Pommery, eine weniger süße Champagner-Sorte zu kreieren; ihre Schöpfung nannte sie *»demi-sec«,* also halbtrocken. Dieser Champagner ist immer noch recht lieblich, allerdings schon weniger als der mit der Bezeichnung *»doux«* auf dem Etikett.
Seit dem Experiment der Louise Pommery wurden die neuen Champagner-Kreationen immer trockener. Heute haben wir verschiedene Trockenheitsgrade zur Auswahl; die Reihenfolge nach zunehmender Trockenheit: demi-sec, sec, extra-trocken, brut und extra-brut. Champagner des Süßegrades *»doux«* ist nicht mehr erhältlich.

Eingesandt von Bob Weisblut aus Wheaton, Maryland.

53

WARUM
fliegen die Zugvögel wieder zurück in den Norden, wo sie es doch im Süden so schön haben könnten?

Warum, bitte, fliegen sie viele tausend Kilometer in Richtung Süden, um wenig später schon wieder kehrtzumachen und in die kalten, unfreundlichen nördlichen Gefilde zurückzukehren? Warum bleiben sie nicht einfach im sonnigen Süden?

Über wen sprechen wir hier eigentlich? Über Vögel oder über Rentner, die auf den Kanarischen Inseln überwintern?

Wir wissen nicht genau, was Menschen zur Rückkehr treibt, aber dafür können wir mit Bestimmtheit sagen, was Vögel dazu bringt, wieder nordwärts zu ziehen. Natürlich sitzen die Vögel nicht herum (nicht einmal auf einem Bein mit dem Kopf unter dem Flügel) und überlegen, warum sie die alljährliche Reise auf sich nehmen. Zweifellos werden ihre Zuggewohnheiten von hormonellen Veränderungen bestimmt, die in Zusammenhang mit den Brutzyklen stehen. Nach der Befragung mehrerer Vogelexperten fanden wir eine Erklärung, die alle akzeptieren konnten.

Deshalb also ziehen Vögel zurück in den Norden:

1. Futter. Die Vögel ziehen zum Nisten nach Norden. Junge Vögel sind ebenso wie kleine Kinder gierige Esser und scheuen sich nicht, ständig nach

mehr zu verlangen. Todd Culver vom Laboratory of Ornithology an der Cornell University erklärte es folgendermaßen: »Der Hauptgrund für die Rückkehr in den Norden liegt sicher in dem dort reichlich vorhandenen Angebot an Insekten, mit denen sie ihre Jungen füttern.« Je mehr Futter die Vogeleltern heranschleppen, desto kräftiger und gesünder werden die Jungen und desto geringer ist die Sterblichkeitsrate.

2. Längere Tage. Je nördlicher man sich im Sommer aufhält, desto länger sind die Tage. Und Vogeleltern brauchen lange Tage, um genügend Futter für ihre immerhungrigen und nimmersatten Jungen heranschleppen zu können. Viele Vögel finden ihre Futterquellen nur aufgrund ihrer Augen; im Dunkeln sind sie, was die Futtersuche anbelangt, aufgeschmissen.

3. Weniger Konkurrenz um gute Nistplätze und Futter. Wollten alle Zugvögel im Süden nisten und brüten, wäre das ungefähr so, als wolle man während der Hauptreisezeit im Sommer ein nettes, ruhiges Hotelzimmer auf Mallorca finden.

4. Sicherheit. Vögel sind während der Brutzeit ihren natürlichen Feinden mehr oder minder schutzlos ausgeliefert. In der Regel haben sie in nördlichen Gefilden weniger Feinde als im Süden. Warum? Vielen natürlichen Feinden der Vögel, vornehmlich Säugetieren, ist es im Norden zu kalt; sie leben ganzjährig im Süden.

5. Besseres Wetter. Manche Vögel ziehen im Herbst nach Süden, um dem kalten Wetter im Norden zu entkommen.

Ist die richtige Zeit gekommen, wird es im Frühling

also wieder schön, kehren sie gerne nach Hause zurück – wie die Rentner von den Kanarischen Inseln.

Eingesandt von Michael S. Littman
aus Piscataway, New Jersey.
Gedankt sei außerdem
Jack Weber aus Modesto, Kalifornien,
Lori Tomlinson aus Newmarket, Ohio,
und Saxon Swearingen aus La Porte, Texas.

54

WARUM sind Ozeane salzig? Was bewirkt, daß sich der Salzgehalt nie ändert?

Laut Dr. Eugene C. LaFond, dem Präsidenten der LaFond Oceanic Consultants, wurde das meiste Salz über Hunderte von Millionen Jahren aus dem Erdreich ausgewaschen. Auch Flüsse schwemmen Salze aus Gestein heraus und transportieren sie ins Meer; aus diesen erodierten Gesteinen stammt der größte Teil des im Meer gelösten Salzes.

In Anbetracht der ununterbrochenen Salzzufuhr und der Tatsache, daß Meerwasser wie anderes Wasser auch verdunstet, könnte man auf den Gedanken kommen, daß die Salzkonzentration in den Meeren ansteigen und die Ozeane somit immer salziger werden müßten.

Laut den Sea Secrets Information Services der International Oceanographic Foundation der University of Miami jedoch ist der Salzgehalt der Weltmeere seit einiger Zeit unverändert geblieben – um genau zu sein, seit rund 1,5 Billionen Jahren. Wohin verflüchtigt sich nun aber das überschüssige Salz?

Zunächst einmal ist Natriumchlorid außerordentlich gut löslich; ein Grund, wieso es zu nicht besonders hohen Konzentrationen in bestimmten Teilen eines Meeres kommt. Die Oberfläche der Ozeane ist so groß (zumal ja die größten Meere miteinander verbunden sind), daß sich das Salz relativ gleichmäßig verteilt. Zweitens verflüchtigen sich einige der Ionen mit der Gischt. Der dritte und wohl entscheidende Weg, auf dem das Salz das Meer verläßt, sind die Ablagerungen und Salzkrusten, die sich entlang der Küsten an den Stellen bilden, an denen es flach genug ist, so daß das Meerwasser verdunsten kann. Das Salz hat sich in so vielen Jahrmillionen im Meer angesammelt, daß die Salzmengen, die in unseren Tagen hinzukommen und sich verflüchtigen, relativ gering sind und nicht weiter ins Gewicht fallen. Während sich die Konzentrationen anderer Mineralien in den Meeren dramatisch verändert haben, bleibt der Salzgehalt mit einem Anteil von etwa 3,5 Prozent konstant.

Eingesandt von Merilee Roy aus Bradford, Massachusetts.
Gedankt sei außerdem
Nicole Chastrette aus New York, New York,
Bob und Elaine Juhre aus Kettle Falls, Washington,
John H. Herman aus Beaverton, Oregon,
Matthew Anderson aus Forked River, New Jersey,
und Cindy Raymond aus Vincentown, New Jersey.

55

WIE funktionieren 3-D-Filme und 3-D-Brillen?

3-D-Filme sind eine Weiterentwicklung der Stereovisionsbilder, die wir von Urlaubsandenken, Postkarten und Kinderspielzeug her kennen. Das Phänomen nennt sich Stereoskopie und beruht darauf, daß jedem Auge eines von zwei Halbbildern sichtbar gemacht wird, die von zwei verschiedenen, etwas voneinander entfernt liegenden Punkten aus aufgenommen wurden. Das linke Bild ist nur für das linke Auge gedacht, das rechte Bild nur für das rechte Auge. Auf diese Weise wird im Gehirn der Eindruck von Dreidimensionalität erzeugt.

3-D-Filmen liegt allerdings eine etwas kompliziertere Technologie zugrunde, denn die Filmemacher mußten einen Weg finden, das linke Auge nicht sehen zu lassen, was nur für das rechte Auge bestimmt ist, und umgekehrt – und zwar auch dann, wenn die beiden unterschiedlichen Bilder zur gleichen Zeit auf dieselbe Leinwand projiziert werden. David A. Gibson von Photo Equipment Museum der Eastman Kodak Company gab uns einen kurzen Überblick über die Geschichte dieser Technologie:

> Das erste Verfahren wurde im letzten Jahrzehnt des 19. Jahrhunderts erfunden, und die damit hergestellten Bilder nannten sich Anaglyphen. Das für das linke Auge bestimmte Bild wurde mit einem

roten Filter über eine Projektorlinse gelegt, das für das rechte Auge bestimmte Bild mit einem blaugrünenFilter über eine danebenliegende Projektorlinse. Der Betrachter mußte eine Brille mit ebenso gefärbten Gläsern tragen, um ein dreidimensionales Bild zu sehen; das rot getönte Glas des linken Auges ließ nur die roten Lichtstrahlen des für das linke Auge bestimmten Projektors durch, während es die grünen Lichtstrahlen des für das rechte Auge bestimmten Projektors abblockte; dieses System beruht also auf dem Prinzip der Komplementärfarben. Auf der Grundlage dieses Verfahrens wurden beispielsweise auch dreidimensionale Comics gedruckt und Versuche in Richtung eines dreidimensionalen Farbfernsehens unternommen.

Das einzige Problem liegt darin, daß diese Technologie am besten mit Schwarzweißbildern funktioniert, denn die rote bzw. blaugrüne Tönung der Brillengläser verändert die Farben eines 3-D-Farbfilms.

Die Lösung, das erkannte Gibson neidlos an, kam von dem Mitbewerber Polaroid, der eine spezielle Polarisationsmethode für 3-D-Filme entwickelte. Die Polaroid-Technologie

richtet den Polarisationswinkel für das eine Auge im rechten Winkel zu dem des anderen ein, so daß ein Bild übertragen wird, während das andere Auge blockiert ist. Nach diesem Verfahren wurden die 3-D-Filme der fünfziger Jahre produziert.

Eingesandt von Don Borchert aus Lomita, Kalifornien.

56

WELCHEN
Zweck erfüllt der Blinddarm? Und wozu sind die Mandeln gut?

Die Tatsache, daß uns diese Frage von einem Arzt gestellt wurde, beweist, daß die Antwort alles andere als naheliegend sein muß. Wir gaben die Frage an Dr. Liberato John DiDo weiter, der den Blinddarm als »Mandeln des Darms« bezeichnete. Wir fragten uns, ob der einzige Sinn des Blinddarms darin liegt, von den Chirurgen entfernt zu werden. Wozu sind Organe wie der Blinddarm, die Mandeln und die Gallenblase gut, wenn man ebensogut ohne sie leben kann?

Jedenfalls haben der Blinddarm und die Mandeln einiges gemein. Beide gehören zu den lymphoiden Organen, die weiße Blutkörperchen produzieren. William P. Jollie, Professor am Department of Anatomy an der Virginia Commonwealth University, erklärte uns die mögliche Bedeutung des Blinddarms:

> Lymphozyten sind ein Typ von weißen Blutkörperchen; sie produzieren Antikörper, Proteine, die zwischen unseren körpereigenen Proteinen und fremden Proteinen, sogenannten Antigenen, unterscheiden. Die von den Lymphozyten gebildeten Antikörper setzen Antigene außer Gefecht. Man unterscheidet zwei Arten von Lymphozyten: B-Lymphozyten und T-Lymphozyten. Die T-Lymphozyten werden in der Thymusdrüse gebildet, und einiges

deutet darauf hin, daß die B-Lymphozyten im Blinddarm produziert werden.

Wenn unser Blinddarm wirklich eine so wichtige Rolle bei der Bekämpfung von Infektionen spielt, wie verkraften wir es dann, ohne ihn zu leben? Glücklicherweise werden auch in anderen Organen, beispielsweise in der Milz, ausreichende Mengen von weißen Blutkörperchen gebildet, die Infektionen den Garaus machen.

Einige Ärzte, darunter auch Dr. DiDo, sind sogar der Ansicht, daß der Sinn des Blinddarms (und auch der Mandeln) darin liegt, Infektionen anzuziehen, so daß die schweren Entzündungen an einem Organ ausbrechen, das nicht lebensnotwendig ist und leicht entfernt werden kann. Diese Theorie stützt sich natürlich auf das große Heer all jener, die bereits eine Mandel- oder Blinddarmentzündung durchgemacht und ansonsten keine Probleme mit anderen Organen haben.

Es ist jedoch umstritten, ob Menschen ohne Blinddarm und/oder Mandeln besser oder schlechter leben als Menschen, die noch im Besitz dieser kleinen Anhängsel sind. Die Ansicht darüber, ob man Kindern die Mandeln schon bei der geringsten Entzündung entnehmen sollte, ändert sich ebenso oft und schnell wie die Rocklängen der Damen. Patienten, die an einer akuten Blinddarmentzündung leiden, sind Überlegungen dieser Art jedoch enthoben.

Eingesandt von Dr. Emil S. Dickstein aus Youngstown, Ohio.
Gedankt sei außerdem
Lily Whelan aus Providence, Rhode Island,
und George Hill aus Brockville, Ontario.

57

WOHIN verschwindet die Feuchtigkeit, wenn sich Wolkenfetzen vor unseren Augen auflösen?

Einige neue Erkenntnisse bezüglich der Wolkenbildung liefern uns die für die Beantwortung dieser Frage notwendigen Informationen:

1. Bei gleichem Luftdruck kann eine warme Luftmasse bis zur Sättigung (also bis 100 Prozent relativer Luftfeuchtigkeit) mehr Wasserdampf aufnehmen als eine kalte Luftmasse. So kann bei einer Temperatur von 30 Grad Celsius siebenmal soviel Wasserdampf gespeichert werden als bei 0 Grad Celsius.
2. Wenn Luft abkühlt, steigt die relative Luftfeuchtigkeit folglich an, bis eine Sättigung, also eine relative Luftfeuchtigkeit von 100 Prozent erreicht ist. Diesen Punkt nennt man Sättigungspunkt.
3. Ist dieser Sättigungspunkt erreicht und kühlt die Luft trotzdem noch weiter ab, entsteht eine sichtbare Wolke – und es kommt zu Niederschlag.
4. Folglich wird die Auflösung einer Wolke vom Gegenteil des in Schritt 3. geschilderten Phänomens verursacht. Raymond E. Falconer vom Atmospheric Sciences Research Center erklärt dazu:

> Nimmt der Luftdruck einer Luftmasse zu, erwärmt sich die Luftmasse und wird gleichzeitig auch

trockener; die relative Luftfeuchtigkeit nimmt ab. Aus diesem Grund lösen sich Wolken auf.

Sehen wir Wolken, so ist zuvor Luft aufgestiegen, die sich abgekühlt hat und kondensiert ist; der unsichtbare Wasserdampf hat sich an dem Punkt, an dem die Sättigungstemperatur erreicht war, in eine sichtbare Wolke verwandelt. Gerät die Wolke in trockenere Luftschichten, verdunstet die in der Wolke enthaltene Feuchtigkeit in die trockenere Luft, die noch Wasserdampf aufnehmen kann.

Steigt die Luft an einem Berg auf, kühlt sie automatisch ab; so bilden sich vor höheren Erhebungen oftmals dicke Wolken. Sinkt die Luft auf der anderen Seite des Berges wieder ab, erwärmt sie sich und wird gleichzeitig auch trockener: Die Wolke löst sich auf. Diese Art von Wolken nennt man orographische Wolken; sie bilden sich aufgrund unterschiedlicher geographischer Höhenverhältnisse.

Eingesandt von Reverend David Scott
aus Rochester, New York.

58

WARUM klemmen wir uns das Fieberthermometer unter die Zunge? Könnte man es nicht auch auf die Zunge oder einfach nur in den geschlossenen Mund stecken?

Jeder, der schon einmal ein herumzappelndes Kind gesehen hat, das krampfhaft versucht, das Fieberthermometer unter der Zunge zu halten, hat sich diese Frage sicher gestellt. Warum muß man die Temperatur ausgerechnet am unbequemsten Ort messen? Hat es mit dieser Temperatur etwas Besonderes auf sich?
Eigentlich nicht. Es geht nur darum, die Temperatur zu messen, die im Körperinneren herrscht.
Die Zunge und der After sind die Stellen, die den besten Zugang zur Temperatur im Körperinneren bieten. Manchmal wird die Temperatur auch in der Achselhöhle gemessen, aber in die Achselhöhle kann leicht Luft vordringen, so daß die gemessene Temperatur unter der tatsächlich im Körperinneren herrschenden liegen kann.
Natürlich läßt sich auch die unter der Zunge gemessene Temperatur manipulieren: Wer kennt nicht den Trick aller Schulkinder, vor dem Fiebermessen etwas Heißes zu trinken? Aber abgesehen davon fällt die Temperaturmessung unter der Zunge fast so exakt aus wie die im After, und angenehmer ist sie allemal.
Worin liegen nun die Vorteile der Temperaturmessung

unter der Zunge gegenüber der auf der Zunge? Fassen wir zusammen:

1. Exaktheit. Indem man die Thermometerspitze unter die Zunge schiebt, isoliert man sie vor Luft und anderen äußeren Einflüssen. Dr. E. Wilson Griffin III. erklärte uns, daß »Luft den auf der Thermometerspitze befindlichen Speichel verdunsten lassen und somit die gemessene Temperatur senken würde. Es ist wichtig, die Thermometerspitze unter die Zunge zu klemmen, statt sie nur lose im Mund zu halten, denn ein Quecksilberthermometer mißt die Temperatur des flüssigen oder festen Stoffes, mit dem es in direktem Kontakt steht«.
2. Geschwindigkeit. Das weiche Gewebe und die direkt unter der Zunge gelegenen Blutgefäße sind der ideale Ort zum Temperaturmessen. Dr. Frank Davidoff vom American College of Physicians wies darauf hin, daß sich »das weiche, ungeschützte Gewebe unter der Zunge wesentlich besser um die Thermometerspitze schmiegt als die wesentlich dickere und schlechter durchblutete Haut in der Achselhöhle; deshalb läßt sich die Temperatur unter der Zunge schneller und exakter messe«.
3. Bequemlichkeit. Obgleich es im ersten Augenblick anders erscheinen mag, ist es schwieriger, das Thermometer auf der Zunge zu balancieren als es unter die Zunge zu klemmen. Die Thermometerspitze würde unter Umständen am Gaumen scheuern. Einer von beiden müßte nachgeben – und das Thermometer wäre es vermutlich nicht.

Davidoff gibt allerdings zu, daß es nicht gezwungenermaßen zu einer Katastrophe führt, wenn man das Thermometer auf die Zunge legt:

Im Prinzip erhält man auch bei einer Temperaturmessung auf der Zunge ein ziemlich genaues Ergebnis, wenn man nicht durch den Mund atmet, wenn man nicht kurz zuvor etwas gegessen oder getrunken hat, wenn man die Thermometerspitze fest zwischen Zunge und Gaumen klemmt und wenn man es lange genug dort behält.

59

HABEN Pinguine Knie?

Aber sicher haben Pinguine Knie – sie sind nur diskret unter ihrem Federkleid versteckt. Anatomisch betrachtet, ähneln sich alle Vogelbeine, wobei es natürlich bei den Dimensionen gewaltige Unterschiede zwischen den verschiedenen Vogelarten gibt.
Die Beine der Pinguine sind wie die der anderen Vögel in drei Abschnitte unterteilt. Der obere Abschnitt, der unserem Oberschenkel entspricht, und der mittlere Abschnitt, der unserem Unterschenkel entspricht, sind bei Pinguinen relativ kurz.
Bei Flamingos oder anderen langbeinigen Vögeln haben wir oft den Eindruck, daß deren Knie nach hinten gebogen sind; doch das, was wir für das Knie des Vogels halten, ist es gar nicht. Die Knie von Pinguinen, Flamingos und anderen Vögeln weisen eine Kniescheibe auf und funktionieren ganz ähnlich wie das Knie eines Menschen.
Wir sprachen mit Dr. Don Bruning, dem Kurator für Ornithologie am New York Zoological Park, der uns erklärte, daß das nach hinten abgeknickte Gelenk, das wir für das Knie des Flamingos halten, nicht sein Knie, sondern vielmehr sein Knöchel ist, der den Fuß mit dem Unterschenkel verbindet. Mit anderen Worten: Pinguine und andere Vögel stehen wie Ballettänzer auf ihren Zehen.

Pinguine zählen natürlich zu den Vögeln, aber ihr Element ist nicht die Luft, sondern das Wasser. An Land können sie sich nur watschelnd fortbewegen; ihre Beine leisten ihnen im Wasser wertvollere Dienste – sie machen sie zu wahren Schwimmkünstlern. Im Wasser benutzen Pinguine die Flügel als eine Art Propeller; die langgezogenen Füße dienen ihnen als Ruder.
Aber seien Sie sicher, selbst wenn Sie sie nicht sehen können, haben Pinguine Beine (und Knie!). Und sie wissen sie zu nutzen.

Eingesandt von John Vineyard aus Plano, Texas.
Gedankt sei außerdem Ruth Vineyard aus Plano, Texas.

60

WARUM hängen Katzenhaare penetranter an unserer Kleidung als Hundehaare oder Haare anderer Haustiere?

Katzenhaare sind die elektrostatischsten aller Haustierhaare. Das könnte der Hauptgrund dafür sein, warum sie besonders penetrant an unserer Kleidung kleben. Aber auch die besondere Beschaffenheit von Katzenhaaren liefert eine Erklärung für das haarige Phänomen. Dr. John Saidla vom Cornell Feline Health Center erklärte uns folgendes:

> Das Fell einer Katze besteht aus drei verschiedenen Arten von Haaren: aus Primär- oder Schutzhaaren, die die äußerste Schicht bilden; aus sogenannten Grannenhaaren, mittellangen Haaren, die noch zur äußeren Schicht gehören; und aus Sekundärhaaren, die das Unterfell bilden.
>
> Die Schutzhaare verjüngen sich am Ende hin. Die Schuppen dieser Haare weisen eine mikroskopisch feine Randzahnung auf. Dies ist wohl ein Grund, daß die Haare der Katze so hartnäckig an der Kleidung des Frauchens oder Herrchens hängenbleiben.
>
> Auch die Schuppen der Grannenhaare sind rauh oder rissig, so daß sie sich ebenfalls gern in der Kleidung (oder in Möbelbezügen, Teppichen etc.) verfangen. Die Sekundärhaare hingegen sind sehr

dünn und wellig, manchmal sogar gekräuselt. Sie verfangen sich am liebsten in grob strukturierten Materialien.

Eingegangen von einem unbekannten Anrufer in Owen Spanns landesweit übertragenen Radiosendung.

61

WARUM sollte man Halogen-Birnen nicht mit den Fingern berühren?

Herkömmliche Glühbirnen werden aus normalem Glas hergestellt, das keiner besonderen Behandlung bedarf. Halogen-Birnen dagegen bestehen aus besonders haltbarem und hitzebeständigem Quarzglas, denn sie müssen sehr viel höheren Temperaturen als herkömmliche Glühbirnen standhalten, nämlich rund 250 Grad Celsius.
Rubin Rivera von Philips Lighting erklärte uns, daß man Quarzbirnen nicht mit den Fingern berühren sollte, weil die Hautfette, die mit der Berührung auf der Birne abgelagert werden, bei den hohen Betriebstemperaturen die kristalline Oberfläche der Quarzbirne verändern.
Caden Zollo von The Speciality Bulb Co. fügt hinzu, daß die durch die Berührung auf die Birne übertragenen Fette Risse im Glas verursachen können. Durch diese feinen Risse dringt Luft ein, die die Birne unter extremen Umständen sogar zum Platzen bringen kann.
Um diese »explosive« Situation zu vermeiden, werden manche Halogen-Birnen mit einer zusätzlichen Glashülle umgeben, die man getrost anfassen kann. Hat man jedoch eine nicht »ummantelte« Halogen-Birne berührt oder möchte man sie reinigen, so wischt man sie am besten mit Alkohol ab; der Alkohol löst das Fett von der Oberfläche der Birne.

Eingesandt von Gail Lee aus Dallas, Texas.

62

WARUM
zucken Kaninchen die ganze Zeit mit ihren Nasen?

Kaninchen zucken nicht die *ganze* Zeit mit ihren Nasen – aber oft genug, daß wir uns fragen, ob sie ein Kokain-Problem oder eine schlimme Allergie haben. Dabei denken wir überhaupt nicht daran, daß diese entzückende Eigenart der Schlüssel zum Funktionieren des »häsischen« Atmungsapparates ist. Es gibt mindestens vier Gründe, weshalb Kaninchen scheinbar ununterbrochen mit ihrer Nase zucken:

1. Die Bewegung regt die in den Schleimhautmembranen befindlichen Talgdrüsen an und sorgt für die Produktion von Feuchtigkeit, die die Membranen feucht und kräftig halten. Außerdem können Kaninchen ebenso wie viele andere Tiere (einschließlich Hunden mit ihren ewig nassen Nasen) mit einer feuchten Nase besser schnuppern.

2. Durch die ständige Bewegung werden die Nasenlöcher gedehnt, so daß das Kaninchen mehr Luft einatmen kann. Wie Hunde mit ihren feuchten Nasen können auch Hauskaninchen nicht schwitzen.

Laut Dr. T. E. Reed von der American Rabbit Breeders Association senken Kaninchen an heißen Tagen durch das Nasewackeln ihre Körpertemperatur:

> Die einzige Möglichkeit, sich Kühlung zu verschaffen, besteht für Kaninchen darin, die besonders

warme Luft aus ihrem Atmungsapparat auszustoßen und kühlere Luft einzuatmen; außerdem geben sie über ihre großen Ohren Hitze ab.

Ein gewöhnliches Hauskaninchen vollführt ungefähr 120 Atemzüge pro Minute. Bei sehr hohen Außentemperaturen kann sich diese Anzahl ohne weiteres auf 300 bis 350 Atemzüge pro Minute erhöhen.

Die Größe der Nasenlöcher bestimmt die Menge an Luft, die eingeatmet werden kann. Um möglichst viel Luft einatmen zu können, trainiert das Kaninchen seine Nasenlöcher; das Wackeln hält sie geschmeidig und muskulös, so daß sie bei Bedarf weit gedehnt werden können.

3. Wenn die Tasthaare des Kaninchens mit einem Gegenstand in Berührung kommen, geraten die Muskeln der Nasenlöcher in Bewegung, um die olfaktorischen Fähigkeiten des Tiers zu schärfen.

4. Wenn ein Kaninchen, das ständig mit der Nase zuckt, nervös auf uns wirkt, liegen wir mit diesem Eindruck gar nicht so falsch. Dr. T. E. Reeds erklärte uns dazu folgendes:

Fühlt sich ein Kaninchen unbeobachtet, bewegen sich seine Nasenlöcher in der Regel nicht. Gerät das Kaninchen jedoch in Aufregung, beschleunigt sich seine Atmung; durch eine Nervenverbindung zur Nase geraten die um die Nasenlöcher herum gelegenen Muskeln in Bewegung – und schon ist es wieder da, dieses Zucken, das zum Markenzeichen der Kaninchen geworden ist.

Einige Leser stellten Spekulationen über einen möglichen Zusammenhang zwischen dem Nasezucken und den riesigen Nagezähnen der Kaninchen an, doch laut einhelliger Expertenmeinung besteht ein solcher Zusammenhang nicht.

Eingesandt von Garnett Budd aus Eldorado, Ontario.
Gedankt sei außerdem
Jason Gonzalez aus Albuquerque, New Mexico.

63

WIE
lautet die wissenschaftliche Definition von Sonnenaufgang bzw. Sonnenuntergang? Warum ist es vor Sonnenaufgang bzw. nach Sonnenuntergang schon bzw. immer noch dämmerig?

Die Definition beider Begriffe ist ganz einfach.
›Sonnenaufgang‹ bezeichnet den Augenblick, in dem der obere Rand der Sonne an einem auf Meereshöhe gelegenen Horizont erscheint. Von Sonnenuntergang spricht man, wenn der obere Rand der Sonne an einem auf Meereshöhe gelegenen Horizont verschwindet.
Aber wie berechnen die Wissenschaftler den exakten Zeitpunkt des Sonnenauf- bzw. Sonnenuntergangs? Nein, sie jagen keine Meteorologen zur Beobachtung auf eine hohe Leiter. Mit Beobachtung hat das überhaupt nichts zu tun – sondern nur mit Mathematik. Da die Erde auf einer festen Umlaufbahn um die Sonne kreist, kann man die genauen Zeitpunkte der Sonnenauf- bzw. Untergänge lange im voraus berechnen.
Richard Williams, Meteorologe beim National Weather Service, erklärte uns, daß die im Wetterbericht genannten Uhrzeiten nur Annäherungswerte dessen sind, was wir mit unseren bloßen Augen beobachten:

> Der Zeitpunkt, zu dem die Sonne auf- und untergeht, verändert sich mit jedem Tag sowie mit dem Längen- und Breitengrad, auf dem man sich befin-

det. Die im Wetterbericht bekanntgegebenen Uhrzeiten sind errechnet und berücksichtigen beispielsweise nicht die topographische Beschaffenheit der Umgebung. Im Klartext: Die Berechnungen beziehen sich selbst bei einem in den Bergen gelegenen Ort auf Meereshöhe. Deshalb kann der für einen bestimmten Ort errechnete Zeitpunkt des Sonnenauf- oder untergangs vom tatsächlichen Zeitpunkt des Geschehens abweichen, und zwar ganz beträchtlich.

Wenn wir einen Sonnenuntergang beobachten, ist die Sonne in Wirklichkeit vielleicht sogar schon am Horizont verschwunden; die Helligkeit, die wir noch sehen, ist der von der Erdatmosphäre zurückgeworfene Widerschein der Sonne, der noch bis zu drei Minuten nach dem eigentlichen Sonnenuntergang zu erkennen ist. Umgekehrt bricht die Morgendämmerung bereits herein, wenn die Sonne noch gar nicht aufgegangen ist; die Sonne selbst erscheint erst fünf bis zehn Minuten nach dem ersten Dämmerschein.

Eingegangen von einem Anrufer der Larry Mantle Show, Pasadena, Kalifornien.

64

WARUM
sind Schamhaare kraus?

Wenn das Interesse des Fragestellers auf die anatomische Ursache abzielt, dann kann ihm geholfen werden. Dr. Joseph P. Bark vom American Board of Dermatology erklärte uns folgendes:

> Schamhaare sind gekräuselt, weil sie eher flach als rund geformt sind; das ist genetisch festgelegt. Haare, die über einen kreisrunden Querschnitt verfügen, wie etwa die der amerikanischen Ureinwohner, sind glatt und weisen keinerlei Tendenzen auf, sich zu kräuseln. Im Gegensatz dazu ist das stark gekrauste Haar Schwarzer flach wie ein Band. Dasselbe trifft auch auf die Schamhaare zu.

Zielt die Frage allerdings auf die Funktion von gekräuselten Schamhaaren ab, so fällt die Antwort nicht ganz so leicht. Manche Experten, darunter Samuel T. Selden, Hautarzt aus Chesapeake, Virginia, spekulieren, daß Schamhaare unter Umständen deshalb gekräuselt sind, weil sie so einen größeren »Tragekomfort« bieten; wären die relativ steifen, drahtigen Schamhaare glatt, würden sie vielleicht an angrenzenden Körperbereichen scheuern. (Der Hautarzt Jerome Z. Litt aus Pepper Pike, Ohio, gab auf die Frage, weshalb Scham- und Achselhaar wesentlich langsamer als das Kopfhaar wächst, folgende Antwort: »Nicht nur, daß es im Fitneß-Center unter der

Dusche nicht besonders sportlich aussehen würde, wir würden auch irgendwann darüber stolpern.«)
Doch bevor wir uns noch weiter von der ursprünglichen Frage entfernen, wollen wir darauf aufmerksam machen, daß die Schamhaare nicht immer kraus sind. Ganz zu Beginn der Pubertät ist das Schamhaar mancher Teenies noch weich und glatt. Selden wies uns außerdem darauf hin, daß diese Frage in Japan oder China vermutlich nicht gestellt worden wäre, denn das Schamhaar der Asiaten ist in der Regel dünner und glatter als unseres.

Eingesandt von Suzanne Saldi
aus West Berlin, New Jersey.

65

WARUM wird Fett weiß, wenn es erkaltet?

Sie haben gerade einen Hähnchenschenkel gebraten und schütten das heiße Fett in eine Tasse. Wenig später ist das Fett nicht mehr flüssig, sondern fest; es ist nicht mehr goldgelb wie zuvor in der Pfanne, sondern weißlich und trüb wie Zuckergußglasur. Warum ist das Fett in flüssigem Zustand durchsichtig?
Beim Erkalten verändert das Fett seinen physikalischen Zustand – ebenso wie sich transparentes Wasser in milchigeres Eis verwandelt.

Bill DeBuvitz, ein langjähriger, treuer Leser und, was in diesem Zusammenhang viel wichtiger ist, Physikprofessor am Middlesex County College in New Jersey, erklärte uns dazu folgendes:

> Beim Erkalten verändert sich Fett von einer Flüssigkeit zu einer festen Substanz. Aufgrund seiner Molekularstruktur kann es keine kristalline Struktur ausbilden; statt dessen bildet es »amorphe Regionen« und »partielle Kristalle«. Diese unregelmäßigen Bereiche schimmern weißlich und lassen das Fett trüb erscheinen.
> Würde sich Fett nach dem Abkühlen zu reinen Kristallen verfestigen, wäre es sehr viel durchsichtiger, vielleicht so durchsichtig wie Glas. Paraffine

wie etwa Kerzenwachs verhalten sich übrigens ebenso: In flüssiger Form ist Wachs durchsichtig, in fester Form ist es trüb.

Eingesandt von Eric Schmidt aus Fairview Park, Ohio.

66

WARUM
ist die Haut um die Fingerknöchel faltig, die Haut um unser Knie jedoch nicht?

Diese Frage erreichte uns vor etwa drei Jahren inmitten eines ganzen Stapels von Briefen, die alle von Judith Bambeneks Schulklasse an der South St. Paul High School stammten.
Offensichtlich hatte sie ihre Schüler dazu gebracht, uns mit Material zu überschütten, doch beeindruckte uns die Qualität dieser Fragen. Und nun sind wir sicher, daß Chris Dahlke bald eine der renommiertesten Universitäten des Landes besuchen wird.

Der Hautarzt Dr. Harry Arnold schätzte sich glücklich, die interessante Frage der Jugend von South St. Paul beantworten zu können:

> Die Fingerknöchel benötigen ausreichende Hautreserven, um dem Gelenk eine Biegung von grob 100 Grad zu erlauben. Ist der Finger ausgestreckt, werden diese Hautreserven natürlich sichtbar – in Form von Falten.
> Das Knie benötigt eine sehr viel geringere Reserve, aber auch ums Kniegelenk herum kann man Falten erkennen. Sie sind jedoch über eine größere Fläche verteilt und somit unauffälliger. Aber trotz dieser Reserve verfärbt sich die Haut über dem Knie weiß, wenn es so stark wie nur möglich gebeugt wird.

Wir sind manchmal verblüfft, wie sehr sich die von uns angesprochenen Experten ins Zeug legen, um Antworten auf die unmöglichsten Fragen zu finden (Ist es wissenschaftliches Interesse, oder wollen sie es uns nur mal so richtig zeigen?). Der Hautarzt Samuel T. Selden aus Chesapeake, Virginia, hat sich dafür sogar ausgezogen! Selden entwickelte eine zwar spekulative, doch ausgesprochen faszinierende anthropologische Theorie, um den Unterschied zwischen Finger und Knie zu erklären:

> Ich mußte zwar Schuhe und Strümpfe ausziehen, um das zu prüfen, aber interessanterweise ist die Haut um die Gelenke unserer Fußzehen herum nicht besonders faltig. Die Haut am Ellenbogen ist zwar etwas runzlig, doch bei weitem nicht so faltig wie die auf den Fingerknöcheln.
>
> Und hier die Theorie, die ich zu diesem Phänomen entwickelt habe: Unsere Vorfahren, die Affen also, benutzen zum Laufen auch ihre Hände – ebenso wie wir, bevor wir aufrecht gingen. Am ausgeprägtesten sind die Falten über den mittleren Fingerknöcheln, und genau diese Knöchel werden von den Affen beim Laufen am stärksten belastet. Bei manchen Menschen ist die Haut an eben jener Stelle besonders verdickt – sie stehen unseren äffischen Vorfahren wahrscheinlich noch besonders nahe.

Sie werden sich freuen, das zu hören!

Eingesandt von Chris Dahlke
aus South St. Paul, Minnesota.
Ein besonderer Dank geht an Chris' Lehrerin,
Judith Bambenek.

67

WARUM treiben Fische mit dem Bauch nach oben, wenn sie tot sind?

Bitte machen Sie uns nicht für die Folgen verantwortlich, die eintreten können, wenn Sie die Antwort eine halbe Stunde vor oder nach dem Essen lesen. Mit dieser Warnung überlassen wir Doug Olander von der International Game Fish Association alles weitere:

> Tote Fische treiben mit nach oben gekehrtem Bauch, da sich aufgrund der Verwesung der inneren Organe Gase bilden, die sich in der Bauchhöhle sammeln. Jeder, der schon einmal einen Fisch ausgenommen hat, weiß, daß sich das Fleisch oben entlang der Mittelgräte befindet und die Bauchunterseite, wo sich die Bauchhöhle und auch der Magen des Fischs befindet, relativ dünn ist. Dort sammeln sich die Gase, die dem Fisch Auftrieb geben und bewirken, daß sich der Bauch nach oben dreht, während die dichte Muskelmasse des Rükkens nach unten zeigt.
>
> Fische, die über eine Schwimmblase verfügen, enthalten in ihrem Inneren bereits Gas, was zur Folge hat, daß sie zumindest neutral treiben. Fische, die keine Schwimmblase aufweisen (Plattfische zum Beispiel) bekommen nach ihrem Tod gar keinen Auftrieb.
>
> Tiefseefische steigen bis ganz zur Wasseroberfläche

auf, wenn sie erst einmal Auftrieb bekommen, da sich die in ihrer Schwimmblase befindlichen Gase mit dem zur Wasseroberfläche hin abnehmenden Druck ausdehnen.

Dr. Robert Rofen vom Aquatic Research Institute fügt hinzu, daß es auch nichts Ungewöhnliches ist, einen toten Fisch mit dem Kopf nach unten treiben zu sehen, da der Großteil des Fleischs und der Muskeln des Fischs entlang der Mittelgräte und am Kopf zu finden ist.

Eingesandt von Melissa Hall aus Bartlett, Illinois.

68

WARUM brauchen nur weibliche Stechmücken Blut? Was fressen männliche Moskitos?

Wenn Sie glauben, die männlichen Moskitos würden sich von Steak und Bratkartoffeln ernähren, liegen Sie völlig falsch. Sowohl männliche als auch weibliche Stechmücken ernähren sich in der Hauptsache von Blütennektar. Dieser wird im Körper der Stechmücke in Glykogen umgewandelt, einen »Brennstoff«, der der Mücke innerhalb weniger Minuten ausreichend Energie zum Fliegen zur Verfügung stellt. Moskitos verfügen über ein Organ, das unter dem Namen »Fettkörper« bekannt ist und Zucker speichert, der bei Bedarf in Energie umgewandelt wird.

Männliche Moskitos können sich ohne weiteres nur von Nektar ernähren – ihnen fehlen die Beißwerkzeuge, mit denen ihre Weibchen uns arme Menschen »anzapfen«. Weibchen sind von der Natur mit diesen Beißinstrumenten ausgestattet worden, da sie eine wichtige Aufgabe zu erfüllen haben, nämlich Eier legen. Die Weibchen bestimmter Stechmücken-Arten sind erst dann in der Lage, Eier zu legen, wenn sie in den Genuß von frischem, köstlichem Menschenblut kommen. In ihrem Körper werden die im Blut ihrer Opfer enthaltenen Lipide in Proteine und Eisen umgewandelt, die wiederum die Fruchtbarkeit des Weibchens steigern.

Ein Moskitoweibchen, das ohne menschliches Blut fünf bis zehn Eier legen würde, bringt es mit dieser »Fruchtbarkeitsspritze« auf 200 Eier pro Tag. Uns fehlt das bißchen Blut nicht – und für das Moskitoweibchen ist es ein Festmahl; oft saugen weibliche Stechmücken mehr Blut, als ihr eigenes Körpergewicht beträgt.

Aber nehmen wir's nicht persönlich. Untersuchungen haben ergeben, daß Moskitoweibchen, haben sie die Wahl, das Blut von Kühen dem von Menschen vorziehen. Handelt es sich um im Dschungel lebende Stechmücken, so nehmen sie auch mal mit einem Affen oder einem Vogel vorlieb, wenn ihnen gerade kein Mensch über den Weg läuft.

Eingesandt von Carolyn Imbert aus Yuba City, Kalifornien.

69

WARUM
fühlt sich Menthol im Mund und auf der Haut so kühl an?

Natürlich ist Menthol-Rasierschaum nicht kälter als normaler Rasierschaum, also muß dieses Phänomen eine andere Ursache haben. Mary Ann Usrey von R. J. Reynolds erklärte uns, welchen Streich uns die Natur da spielt:

> Im Mund befinden sich zahlreiche Thermorezeptoren, die auf Temperatur reagieren. Diese Thermorezeptoren lassen sich mit den Geschmacksrezeptoren vergleichen, die Geschmacksempfindungen wie süß, salzig, bitter etc. wahrnehmen.
> Mit anderen Worten, bestimmte Rezeptoren reagieren auf bestimmte Reize. So nimmt ein Mensch erst dann wahr, daß Zucker süß ist, wenn der für »Süßes« verantwortliche Geschmacksrezeptor stimuliert wird. Menthol fühlt sich im Mund kühl an, weil es den Thermorezeptor, der normalerweise auf Kühles reagiert, stimuliert.
> Man kann also sagen, daß Menthol die Thermorezeptoren überlistet. Das Gehirn erhält die Nachricht, daß die Empfindung, die im selben Augenblick im Mund verspürt wird, ein Kältegefühl ist.
> Obgleich die Haut nicht ganz so empfindlich ist wie das Innere des Mundes, reagieren die Thermorezeptoren der Haut nach demselben Muster. Deshalb

fühlen sich mentholhaltiger Rasierschaum oder mit Menthol versetztes Gesichtswasser auf der Haut ebenfalls kühl an.

Eingesandt von Allan J. Wilke aus Cedar Rapids, Iowa.

70

WARUM
gefriert es auf Brücken eher als auf Straßen?

Asphalt, der Hauptbestandteil von Straßendecken, speichert mehr Wärme als der Belag von Brücken, der oftmals aus Betonplatten besteht. Aber der Hauptgrund für dieses Phänomen hat mit elementarer Physik zu tun. Stanley Gordon, Leiter der Bridge Division der Federal Highway Administration, erklärte uns dazu folgendes:

> Auf einer Brücke friert es viel schneller als auf einer Straße, weil die Brücke von beiden Seiten Wind und Wetter ausgesetzt ist. Eine Straße hingegen ist den Umwelteinflüssen nur an ihrer Oberseite ausgesetzt.

Das Erdreich stellt also eine Art Straßenisolierung dar. Tagsüber in der Brücke gespeicherte Wärme verflüchtigt sich in null Komma nichts, sobald die Außentemperatur absinkt. Amy Steiner von der American Association of State Highway and Transportation Officials brachte es auf den Punkt: »Brückenbeläge können gespeicherte Wärme nur wieder an die Außenluft abgeben. Sie profitieren im Gegensatz zu gewöhnlichen Straßen nicht von im Boden gespeicherter Wärme.«

Eingesandt von Roger Mullis aus Eureka, Kalifornien.

71

WARUM hält sich der Geschmack von Kaugummis nicht länger?

Halten Sie uns für paranoid, aber wir haben schon immer den Verdacht gehabt, daß Kaugummihersteller mit Begeisterung an Seminaren wie »Der Feind: langanhaltender Geschmack«, »Wie man dafür sorgt, daß der über Nacht am Bettpfosten klebende Kaugummi des Kunden seinen Geschmack verliert« oder »Wie Kaugummi seinen Geschmack verliert, bevor der Kunde ihn ausgepackt hat« teilnehmen. Angestachelt davon haben sie nur noch Dollarzeichen vor Augen und produzieren Kaugummis, deren Geschmack weniger lange anhält, als Zsa Zsa Gabors Ehen dauerten. Naive Kunden sehen dann keinen anderen Ausweg, als den nächsten Kaugummi nachzuschieben, damit sie sich wieder des Geschmacks erfreuen können, den sie, mit viel Glück, drei Minuten zuvor im Mund hatten.

Aber Vertreter der Kaugummiindustrie bestreiten diese Verschwörungstheorie vehement. Bill O'Connor beispielsweise versicherte uns, daß ein Kaugummihersteller, dem es gelänge, einen längeranhaltenden Geschmack zu kreieren, diesen Wettbewerbsvorteil hemmungslos ausnutzen und in allen Medien publik machen würde. Wrigley hat dies vor einiger Zeit mit einem Kaugummiprodukt vorexerziert, das im Inneren eine kleine Kapsel aufweist, die mit zusätzlichen Ge-

schmacksstoffen gefüllt ist; Wrigley hat also einen »zeitverzögerten Geschmacksverstärker« erfunden.
Aber selbst mit dieser Geschmackskapsel kommt man nicht gegen die beiden Hauptfeinde eines langanhaltenden Geschmacks an:

1. Der Speichel, dessen Bildung vom Kaugummi noch zusätzlich gefördert wird, entzieht dem Kaugummi den Geschmack (und auch den Zucker).
2. Mit der Zeit gewöhnt sich der Mund an jeden Geschmack; der Geschmack erscheint weniger intensiv als am Anfang.

O'Connor schlägt deshalb vor, den Kaugummi nach einer Weile aus dem Mund zu nehmen, ihn beiseite zu legen und etwas Salziges zu essen, um die Geschmacksrezeptoren auf andere Gedanken zu bringen; steckt man den Kaugummi dann wieder in den Mund, schmeckt er so frisch und intensiv wie ein neuer.
Wir haben einen anderen Vorschlag: Nehmen Sie doch einfach einen neuen.

72

WAS
machen Mücken eigentlich genau, wenn sie schwärmen?

Mücken sind nicht die einzigen Lebewesen, die schwärmen. Vögel schwärmen. Und Bienen schwärmen. Deshalb sollte es uns nicht überraschen, daß Mücken nicht ausflippen oder eine Insektenvariation des »Slam Dancing« vorführen, wenn sie schwärmen. Es sind männliche Mücken, die auf der Suche nach weiblicher Begleitung sind.

Wie die Boys in *Saturday Night Fever*, die ihre Goldketten glitzern lassen und ihre behaarte Brust zur Schau stellen, sind männliche Mücken der Meinung, daß keine heißblütige Gliederfüßerin ihrem Charme widerstehen kann, wenn sie sich brüsten. Erstaunlicherweise funktioniert es. Zumindest können wir mit Sicherheit behaupten, daß es keinen Mangel an Mückennachwuchs gibt.

Doch eine Frage bleibt offen. Wenn der Zweck des schwärmenden Zurschaustellens darin liegt, ein Weibchen zu finden, warum wetteifern sie in einem Schwarm darum? Besteht doch die Gefahr, daß das Weibchen zu ihrer besten Freundin sagt: Wenn sie schwärmen, sehen alle Mücken gleich aus.

Vielleicht ist das Schwärmen nicht das wirksamste Mittel für männliche Mücken, eine Partnerin zu finden, aber dasselbe gilt für das gemeinsame Herumhängen in Kneipen. Vielleicht brauchen männliche Mücken, wie ihre menschlichen Gegenstücke, Freunde, die ihnen Mut machen.

Eingegangen von Charles, einem Anrufer bei der Larry Mantleshow, KPPC-FM, Pasadena, Kalifornien.

73

WARUM
knackt Holz, wenn man es aufs Feuer legt?

John A. Pitcher, Direktor des Hardwood Research Council, war so freundlich, sich mit dieser brennenden Frage zu befassen.

Holz knackt, wenn man es aufs Feuer legt, weil es kleine Hohlräume oder Taschen besitzt, die mit Saft, Harz oder anderen sich bei Hitze verflüchtigenden Substanzen gefüllt sind. Wenn die Oberfläche des Holzes erhitzt wird und brennt, wird Hitze in den Saft oder in das Harz geleitet, das tiefer im Holz liegt.

Der Saft oder das Harz wird zuerst flüssig, und wenn die Temperatur zunimmt, verdunstet es. Gase dehnen sich schnell aus, wenn sie erhitzt werden, und üben dabei einen enormen Druck auf die Wände der Hohlräume aus. Wenn der Druck stark genug ist, zerbersten diese Wände, und man hört das charakteristische knackende Geräusch.

Eingesandt von Parric Conroy aus Walnut Creek, Kalifornien.

74

WARUM
erzeugt Feuer ein knisterndes Geräusch? Gibt es einen Grund dafür, warum Feuer am stärksten knistert, wenn es angezündet wird?

Natürlich hat das Knistern mit dem Knacken zu tun. John Pitcher hat uns erklärt, daß das Knacken um so lauter ausfällt, je größer die Saft- und Harztaschen im Holz sind.

Wenn die Taschen kleiner, aber zahlreicher sind, dann knistert das Holz anstatt zu knacken.

Der Grund, warum Holz am stärksten knistert, wenn es gerade angezündet wird, liegt darin, daß die kleineren Holzstücke, die zum Entzünden eines Feuers benutzt werden, sich schnell aufheizen.

Die Hitze dringt in die Safttaschen ein, die sofort zu knistern beginnen. Große Holzstücke brennen viel langsamer, sie knacken weniger und unregelmäßiger, dafür aber lauter.

Für die Liebhaber der Holzakustik unter unseren Lesern hat Pitcher folgende Gebrauchsanweisung beigefügt:

> Es gibt eindeutige Unterschiede in der Knack-Charakteristik der Hölzer. Hoch oben auf der Liste der Knacker steht die amerikanische Lärche. Die meisten Nadelbäume knacken gerne.
>
> Auf der anderen Seite neigen Harthölzer, wie zum

Beispiel Esche, Ulme und Eiche, dazu, ruhig zu brennen, mit nur einem gelegentlichen, unterdrückten Knacken. Sie sind eher Pupser als Knacker.

Eingesandt von Andrew F. Garruto aus Kinnelon, New Jersey.

75

WARUM
essen die Chinesen mit Stäbchen?

Die gängige Erklärung zu diesem Thema sieht so aus, daß die Chinesen es für die Pflicht eines Kochs halten, Fleisch oder Gemüse in mundgerechte Stückchen zu schneiden. Stäbchen wurden deshalb als praktische Werkzeuge entwickelt, mit denen man das Essen und den Reis häppchenweise in den Mund verfrachten kann. Doch es gibt viele Hinweise darauf, daß ihr Gebrauch ursprünglich nicht von ästhetischen, sondern von praktischen Gesichtspunkten geleitet wurde.
Stäbchen wurden irgendwann während der Tschu-Dynastie eingeführt, etwa ein Jahrhundert vor Christi Geburt. Vor der Tschu-Dynastie wurden Lebensmittel nicht gebraten. Doch China machte eine ernsthafte Energiekrise durch, da es zu wenig Holz gab. Die Wälder waren abgeholzt worden, um das Land für Landwirtschaft nutzbar zu machen und so die anwachsende Bevölkerung zu ernähren.
Braten wurde als die effizienteste Methode betrachtet, bei der man nur ein Minimum an Holz einsetzen mußte, um Fleisch und Gemüse in möglichst kurzer Zeit gar zu bekommen. Und wenn man die Nahrung vor dem Braten kleinschnitt, dann wurden Fleisch und Gemüse sehr viel schneller gar.
Während der Tschu-Dynastie besaßen nur sehr wenige Menschen Tische. Tische waren ein Luxusartikel, vor

allem in Anbetracht der Holzknappheit. Deshalb war ein Besteck notwendig, das das Essen mit einer Hand erlaubte – die andere Hand brauchte man, um die Schüssel mit dem Reis zu halten. Weil die meisten chinesischen Rezepte Soßen beinhalten, ermöglichten die Stäbchen den Essern, das Essen in den Mund zu schieben, ohne sich dabei die Finger schmutzig zu machen. Heute allerdings führen Stäbchen dazu, daß nicht-asiatische Esser die Tischdecken der chinesischen Restaurants beschmutzen.

Und wie verträgt sich die Verwendung von Holzstäbchen mit der Holzknappheit? Die Antwort ist, daß nur wenige Stäbchen aus Holz hergestellt waren, meist bestanden sie aus Elfenbein oder Knochen.

76

WARUM ist in Zeitschriften nicht jede Seite numeriert?

Die Zeitschriftenverleger *würden* gerne jede Seite ihrer Zeitschrift numerieren. Doch lassen sie sich meist darauf ein, die Numerierung bei ganzseitigen Anzeigen einzusparen, vor allem bei solchen Anzeigen, die die komplette Seite füllen. Bei der Standardanzeige ermöglicht ein Rahmen in der Regel eine Paginierung, ohne das Photo oder die Abbildung zu stören. Doch viele Werbeagenturen fordern, daß ihre ganzseitigen Anzeigen, die Image-verstärkend wirken, nicht durch so etwas Profanes wie eine Seitenzahl gestört werden dürfen, und die Verleger stimmen dieser Forderung vertraglich zu.

Zeitschriften mit einer hohen Auflage bringen außerdem oft viele verschiedene Ausgaben heraus. Wenn nach einer Seitenzahl ein Buchstabe steht (z. B. 35A, 35B, 35C), dann lesen Sie gerade einen Artikel, der für eine bestimmte demographische oder ethnische Gruppe vorgesehen ist. Leser und Leserinnen finden diese Ausgaben oft irritierend, da sie den Lesefluß unterbrechen (versuchen Sie mal, Seite 36 zu finden, wenn die Regionalausgabe die Seiten 35A bis 35Q umfaßt).

Indem sie ihre Ausgaben maßschneidern, können die Zeitschriften Anzeigenkunden gewinnen, die kein Interesse daran haben, eine Anzeige in einer nationalen Ausgabe zu schalten oder sich diese einfach nicht leisten können. Das bringt den Verlagen mehr Geld pro tausend Leser ein, die sie erreichen.

J. J. Hanson, Aufsichtsratvorsitzender und Geschäftsführer der Hanson Publishing Group, Inc., nennt einen weiteren Grund dafür, die Paginierung wegzulassen: Manche Anzeigen werden schon vom Inserenten gedruckt und in die Zeitschriften eingefügt. Oft werden diese Beilagen vorbereitet, bevor der Verlag weiß, auf welche Seite sie gehören. Parfümanzeigen, bei denen man rubbeln muß, damit sich der Duft entfaltet, sind ein typisches Beispiel.

In einer Zeit, wo ein Inserent zehn aufeinanderfolgende, unnumerierte Seiten für eine Anzeige von Designer-Jeans reservieren kann und eine einzige Zeitungsausgabe voller regionaler und demographischer Sonderseiten und Anzeigenbeilagen ist, kommt das Suchen einer Seitenzahl für die Leser einem Umherirren auf einem Minenfeld gleich. Für die Verleger ist es jedoch eine Goldmine.

Eingesandt von Samuel F. Pughs aus Indianapolis, Indiana.
Gedankt sei außerdem
Karin Norris aus Salinas, Kalifornien,
und Gloria A. Quigley aus Chicago, Illinois.

77

WARUM bekommen kleine Fische in einem großen Aquarium nicht jedesmal einen Panikanfall, wenn ein großer Fisch vorbeischwimmt, zum Beispiel ein Hai?

Jedesmal, wenn wir ein Aquarium besuchen, stellen wir jedem, der auch nur im entferntesten so aussieht, als könnte er die Antwort wissen, diese Frage. Wir verstehen, daß ein riesiger Hai nicht unbedingt der natürliche Feind eines kleinen Fisches ist. Schließlich ist ein Elefant auch nicht *unser* natürlicher Feind. Doch wenn ein Elefant begänne, uns die Straße entlangzujagen, dann würden wir ganz sicher in Deckung gehen, das können Sie uns glauben.

Jeder der von uns befragten Aquariumsangestellten hat berichtet, daß die kleinen Fische die Haie offenbar kein bißchen fürchten. Wir haben uns mit einigen Fischexperten in Verbindung gesetzt, um dieses Phänomen zu klären, und einstimmig waren sie der Meinung: Kleine Fische fürchten Haie in der Regel genauso wenig wie die Mücken Menschen fürchten. Warum? Das Leben im Aquarium beruht, ganz ähnlich wie die Wirtschaft, auf Angebot und Nachfrage. Kleine Fische werden nicht gefressen, sofern es keine Nachfrage gibt (das heißt hungrige Haie). In der Regel mischt sich die Aquariumsaufsicht in das Gleichgewicht zwischen Angebot und

Nachfrage ein, ähnlich wie einige übereifrige Präsidenten. Ein Wirtschaftswissenschaftler würde ein Aquarium nicht als freien Markt definieren. Das Aquarium vermindert die Nachfrage, indem es die Haie füttert und auf diese Weise ein künstliches Überangebot produziert. R. Bruce Gebhardt, Sekretär und ehemaliger Präsident der North American Native Fishes Association, erklärt dazu:

> Es ist nicht üblich, daß der Direktor eines Aquariums die kleineren Fische ständig ersetzt. Das ist zu teuer und zu zeitaufwendig . . . deshalb füttert der Tierpfleger die Haie – was dazu führt, daß die Haie sich auf die leichte Beute verlassen, anstatt tatsächlich für ihr Futter zu arbeiten. Wenn sie satt sind, ist es weniger wahrscheinlich, daß sie sich von anderen Fischen ernähren wollen und für sie zu einer Gefahr werden.

Während die Haie (oder andere große Raubfische) zunehmend fauler werden, werden die kleineren Fische mutiger und betrachten sich nicht länger als Vorspeise, sondern als kleine, aber gleichberechtigte Mitbewohner des Aquariums. Alle Autoritäten, die wir gefragt haben, sind sich einig, daß Fische einen Instinkt entwickelt haben, der sie erkennen läßt, wann sie in Gefahr sind. Dr. Robert R. Rofen vom Aquatic Research Institute spricht gar von Intelligenz (die Fische sind klug genug, um analysieren zu können, ob sie in Gefahr sind oder nicht). Gerry Carr, Leiter der Species Research der International Game Fish Association, bestätigt die Anpassungsfähigkeit kleiner Fische:

> Kleine Fische wollen verständlicherweise nicht gefressen werden und verschwinden blitzschnell, wenn ein großer Fisch Hungersignale von sich gibt.

Ich weiß nicht, wie die kleinen Fische diese Signale erkennen, aber sie tun es. Vielleicht verändern sich die Bewegungen des Hais, und die kleineren Fische nehmen es mit ihrem Seitenlinienorgan wahr. Vielleicht knurrt der Magen des Hais (ich mache Spaß, aber wer weiß). Fische haben sehr feine Wahrnehmungsfähigkeiten und können Vibrationen, Temperaturschwankungen und chemische Veränderungen im Wasser erkennen und darauf reagieren. Es mag sein, daß all diese Veränderungen die potentiellen Sushi [Moment mal! *Wir* machen hier die Witze!] vor der drohenden Gefahr warnen.

Man kann beobachten, wie in einem See große Seebarsche gemütlich neben Schwärmen kleiner Fische schwimmen, von denen sie sich eigentlich ernähren. Die kleinen Fische zeigen keine Angst, doch wenn Essenszeit ist, kann sich das schlagartig ändern.

Carr fügt hinzu, daß Haie trotz ihres furchterregenden Rufes für kleine Fische weniger gefährlich sein können als große Barsche. Barsche benehmen sich in Aquarien wie wahre Staubsauger, doch wenn sie gut gefüttert werden, nehmen sie andere Fische kaum wahr. Fische, egal ob groß oder klein, sind keine natürlichen Feinde, wie wir den Begriff verstehen. Die großen Fische sind einfach hungrig und verspeisen deshalb die kleinen Fische. Es ist nicht so, daß der eine sich über den anderen ärgert und der andere dann beleidigt ist (einmal abgesehen davon, daß es wenig nutzt, sich zu ärgern oder beleidigt zu sein, wenn man gerade im Magen desjenigen verdaut wird, über den man sich geärgert hat).

Doch haben Sie nicht allzuviel Mitleid mit den kleinen Fischen.

Gebhardt erklärte uns, daß

kleine Fische einen Hai auf engem Raum überlisten können. Wenn es ein Riff gibt, in das sie sich schnell flüchten können, dann sind sie selbstsicher genug, ohne zuviel Angst herumzuschwimmen. Und wenn die Fische klein genug sind, dann lohnt sich für den Hai die Mühe der Jagd gar nicht. Der Hai hat nichts davon, mehr Energie für die Jagd seiner Beute zu verschwenden, als er dadurch gewinnt, daß er sie frißt.

78

WO liegt Alt-Seeland?

Über diese Frage haben wir zunächst einmal herzlich gelacht. Dann kam uns eine geniale Idee. Wir schlugen Seeland im Lexikon nach. Und das haben wir dabei gefunden: Größte Insel Dänemarks, zwischen Jütland und Schweden.
Wir erinnerten uns daran, daß der erste Europäer, der in Neuseeland landete, der Holländer Abel Tasman war. Wir wissen zwar, daß alle berühmten Entdecker bei ihren Entdeckungen Fehler machten, doch das war zuviel. Hat Tasman seine Insel tatsächlich nach dem falschen Land benannt? War er ein Verräter?
Nicht ganz. Tasman arbeitete für die mächtige Dutch East India Company, die nach Handelspartnern suchte, mit denen sie holländische Stoffe und Eisen gegen Gold und Silber tauschen konnte (jetzt wissen Sie, warum die Dutch East India Company so erfolgreich war).
Holländische Entdecker hatten schon Australien gefunden, das sie Neu-Holland nannten. Doch ihnen war nicht klar, daß ihre Entdeckung eine Insel war – die Company glaubte, Neu-Holland dehne sich im Süden bis zur Antarktis aus.
Abel Tasman konnte den Kontinent, den er suchte, nicht finden, doch entdeckte er mit seiner Mannschaft als erster einige Inseln. Die erste davon nannte Tasman nach seinem General-Gouverneur Van Diemens Land –

diese Insel wurde, aus verständlichen Gründen, später in Tasmanien umbenannt.
Als er von Van Diemens Land in Richtung Osten segelte, traf er auf eine große Landmasse, die, sehr zu seiner Bestürzung, von Maori-Stämmen bevölkert war. Diese mochten die europäischen Eindringlinge nicht. Die Maoris paddelten in ihren Kanus zu den seltsamen Schiffen, schrien und bliesen Kampfposaunen. Die Holländer dachten, sie würden von einem Empfangskomitee begrüßt, und posaunten zurück! Erst als die Eingeborenen einige von Tasmans Männern töteten und es der Mannschaft unmöglich machten, das Land zu erforschen, begriffen die Holländer, was Sache war.
Tasman vermerkte in seinem Tagebuch, daß sie das Land Staten Landt nannten. Er nahm an, daß die Insel eigentlich nur ein kleiner Teil von einem großen Kontinent war, der sich vom Südpazifik bis zum unteren Teil Südamerikas erstreckte. Deshalb benannte er seine Entdeckung nach Staten, dem Land vor der Südspitze Argentiniens.
Ein Jahr später entdeckte ein anderer Holländer, daß Staten eine Insel und nicht etwa ein Teil Südamerikas war, und so schien Staten Landt nicht mehr der geeignete Name für Tasmans Entdeckung. Der Holländer nannte die Insel Zeeland (Seeland), und zwar nicht nach der dänischen Insel, sondern nach einer Provinz gleichen Namens in Holland.
Es mag an der unfreundlichen Begrüßung der Maori gelegen haben, daß die Holländer Tasmans Entdeckung nicht weiterverfolgten, bis Captain James Cook im Jahr 1769 eine Expedition unternahm. Tasman, einer der wenigen Entdecker, die nicht jeder ihrer Entdeckungen ihren eigenen Namen aufdrängten, wurde später die

Ehre erwiesen, daß nicht nur die Insel Tasmanien nach ihm benannt wurde, sondern auch eine Bucht und ein Meer.

Eingesandt von Bill Sinesky aus Orrville, Ohio.

79

WARUM tritt der Überschallknall oft zweimal hintereinander auf?

Ein Überschallknall wird dadurch hervorgerufen, daß die Luft um ein Flugzeug herum verdrängt wird, wenn dieses schneller als die Schallgeschwindigkeit fliegt. Selbst ein langsames Flugzeug, das mit Schallgeschwindigkeit fliegt, kann Windwellen vor und hinter sich erzeugen. Doch wenn Überschallgeschwindigkeiten erreicht werden, bilden sich hinter dem Flugzeug Druckstörungen, die Druckwellen genannt werden, und diese sind auf der Erde als eine Art donnerartiger Laut zu vernehmen.

Viele Teile des Flugzeuges können Druckwellen hervorrufen, selbst die Flügel. Aber wenn der Abstand zwischen dem Flugzeug und der Erde zunimmt, dann kann man nur zwei Druckwellen wahrnehmen – vom Bug und vom Heck der Maschine.

Bill Spaniel, Koordinator für Öffentlichkeitsarbeit der Lockheed Aeronautical Systems Company, hat uns einen Auszug aus einer Enzyklopädie des Fliegens geschickt, der das Phänomen erklärt:

> Wenn der Abstand zwischen dem Flugzeug und dem Beobachter zunimmt, vergrößert sich auch der Abstand zwischen der Bug-Druckwelle und der Heck-Druckwelle. Jemand, der sich auf der Erde befindet, kann sogar zwei Knalle hören, mit einem zeitlichen

Intervall von einem Zehntel bis vier Zehntel Sekunden zwischen der Bug-Druckwelle und der Heck-Druckwelle.

Diese Druckwellen nehmen die Form eines Kegels an und können auf der Erde kilometerweit auf beiden Seiten der Flugbahn wahrgenommen werden.

Wenn Sie keine Zunahme an Überschallknallen seit der Einführung der Concorde bemerkt haben, dann läßt sich das damit erklären, daß Überschallflugzeuge oft doppelt so hoch fliegen wie Passagierflugzeuge, die langsamer als der Schall sind. Und wenngleich in einer Höhe von 20 000 Metern ebenso viele Druckwellen produziert werden wie in 10 000 Metern, wird die Intensität des Überschallknalls durch den größeren Abstand zur Erde verringert.

Eingesandt von Dr. J. S. Hubar aus Pittsburgh, Pennsylvania.

80

WARUM gibt die Oboe beim Einstimmen des Orchesters den Ton an?

»Weil es schon immer so war«, echoten alle unsere Quellen, als wir diese Frage stellten. Doch diese Erklärung reichte uns nicht aus. Denn vor der Erfindung der Oboe haben schließlich Cembalos und Violinen den Ton angegeben. Weist die Oboe irgendwelche praktischen Vorteile auf?

Das tut sie tatsächlich. Margaret Downie Banks, Kuratorin des Musikinstrumente-Museums in Vermillion, South Dakota, sagt, daß die Doppelrohre der Oboe so gearbeitet sind, daß sie am klarsten den Ton angeben, auf den das Orchester sich einstimmt – ein perfektes A. Die Rohre sind schwierig herzustellen, denn sie sind extrem steif. Doch zugleich sind sie im Ton viel weniger flexibel als die meisten Instrumente. Die Klangfarbe der Oboe ist daher außergewöhnlich rein. Norman Savig, Musikbibliothekar der University of Northern Colorado, formuliert es wie folgt: »Die Oboe erzeugt einen hohen, klaren, eindringlichen Ton. Selbst das am weitesten entfernte Mitglied eines großen Orchesters hat kein Problem, die Oboe zu hören.«

Das High-Tech-Zeitalter hat auch beim Einstimmen des Orchesters Einzug gehalten. Schon seit langem bestreiten Akustikexperten, daß die Oboe den perfekten Ton erzeugt. Vor über zwanzig Jahren hat John Backus in seinem Buch *The Acoustical Foundations of Music* diese These dargelegt: »Es gibt exaktere Möglichkeiten für das Einstimmen eines Orchesters, als die Oboe sie liefert, sofern man bereit ist, die Tradition einer akkuraten Tongebung zu opfern.«

Die meisten großen Orchester verwenden heutzutage zum Einstimmen elektronische Geräte. Doch im Einklang mit der Tradition gibt der Oboespieler bis heute den Ton an.

Alvin Johnson von der American Musicological Society vertritt den Standpunkt, daß die Oboe durch ihre Unflexibilität ebenso präzise ist wie elektronische Stimmgabeln, und er fügt ein letztes boshaftes Wort hinzu: »Die Kunst liegt nicht darin, sich einzustimmen, sondern zu spielen.«

Eingesandt von Dr. Amy Bug
aus Swarthmore, Pennsylvania.
Gedankt sei außerdem
Manfred S. Zitzman aus Wyomissing, Pennsylvania.

81

WIE
kommen die Löcher in Maccaroni und in andere Nudeln? Warum sind manche Nudeln gedreht?

Zunächst wird Grieß mit Wasser vermischt und geknetet, damit man eine weiche und elastische Masse bekommt, und dann läuft der Teig durch Gußformen, genauer: durch Metallplatten mit Löchern. Die Größe und die Form dieser Löcher bestimmen, wie die Nudeln schließlich aussehen. Die amerikanische National Pasta Association erklärt:

> Mit runden oder ovalen Löchern stellt man feste Stangen her, zum Beispiel Spaghetti und Linguine. Wenn in der Mitte eines jeden Lochs der Gußform ein Stahlstift befestigt wird, dann kommt der Teig in Form hohler Stangen heraus, als das, was wir Maccaroni nennen. Für die gedrehten Nudeln wird an einer Seite des Gußlochs ein Stift mit einer Kerbe eingesetzt. Die Kerbe ermöglicht es, daß der Teig auf einer Seite schneller durchläuft, so daß er sich leicht dreht. Ein Messer, das an der Gußform befestigt ist, schneidet den Teig in regelmäßigen Abständen ab.

Eingesandt von Valerie Grollman aus North Brunswick, New Jersey.

82

WARUM sind in Herrenhemden immer so viele Nadeln, und wie kommen sie dorthin?

Das nächste Mal, wenn Sie sich darüber ärgern, daß Sie so viele Nadeln aus Ihrem neuen Oberhemd entfernen müssen, sollten Sie etwas Mitleid mit den armen Menschen haben, die sie dort hineinstecken. Wirklich: All diese Nadeln werden per Hand hineingepiekst. Wenn Sie eine Idee haben, wie man diesen Vorgang maschinell handhaben kann, dann sind Ihnen einige willige Käufer sicher.

Wenn also die Hemdenhersteller bereit sind, jemanden dafür zu bezahlen, daß er oder sie die Nadeln in die Hemden piekst, dann bedeutet das, daß die Nadeln nicht aus einer Laune heraus dort hineingesteckt werden. Die Hauptfunktion der Nadeln liegt darin, die Hemden vor Beschädigung zu schützen und ihr Aussehen beim Verkauf zu verschönern.

Viele Hemden, auch wenn sie eine einheimische Marke tragen, werden in Asien hergestellt und auf Frachtschiffen nach Nordamerika oder Europa geschickt, wobei sie Kragen an Kragen gelagert werden. Die Kragennadeln sind für die Einzelhändler besonders wichtig, da die Ware in durchsichtigen Plastikverpackungen angeboten wird und der Kragen der auffälligste Teil eines Hemds ist. Zudem haben die Kunden die Angewohnheit, ein

Hemd auf dem Ständer am Kragen zu greifen, und die Nadeln tragen dazu bei, daß dieser weiterhin stehenbleibt. Die meisten anderen Nadeln sollen verhindern, daß das Hemd auseinanderfällt, wenn es im Geschäft begrabscht wird.

Wir haben mit Mark Weber gesprochen, dem Marketing-Direktor der Firma Philips-van-Heusen. Er hat uns erzählt, wieviel Sorgfalt die Hemdenhersteller auf das Aussehen und das »Anfaßgefühl« dessen verwenden, was uns wie eine einfache Hemdenverpackung vorkommt. Zum Beispiel haben Untersuchungen ergeben, daß das Geräusch von Seidenpapier in einer Hemdenverpackung positiv auf die Kunden wirkt, und deshalb fügen einige Firmen einen Bogen Seidenpapier ein, der eigentlich nicht zur Verpackung des Hemds notwendig ist.

Weber wies darauf hin, daß die zahlreichen Nadeln in den Hemden einen positiven Nebeneffekt haben: Sie halten die Kunden davon ab, die Hemden im Geschäft auszupacken.

Eingesandt von Laurie Ann von Schmidt
aus Winsted, Connecticut.
Gedankt sei außerdem
John F. Gwinn aus Cuyahoga Falls, Ohio,
und Karen und Mark Landau
aus Valley Cottage, New York.

83

GIBT es irgendein logisches System, nach dem den Boeing-Flugzeugen ihre Bezeichnungen zugeteilt werden? Was ist mit der Boeing 717 passiert?

Der ersten Boeing wurde passenderweise die Nummer »1« zugewiesen. Das war gegen Ende des ersten Jahrzehnts unseres Jahrhunderts. Von da an hat Boeing seine Produktion in Serien organisiert.

Die erste Serie, die Nummern 1–102, umfaßte meist Doppeldecker. Das erste Flugzeug mit Druckkabine, die Boeing 307 Stratoliner, war Teil der 300er-Serie, wie auch das Wasserflugzeug Boeing 314 Clipper. Viele Militärflugzeuge gehörten zu der 200er und der 400er Serie (der Bomber B-17 war auch unter der Nummer 299 bekannt, die Düsenbomber B-47 und B-52 stammten aus der 400er Serie). Boeing reservierte die gesamte 500er Serie für Industrieprodukte wie zum Beispiel Gasturbinenmotoren. GAPA und Bomarc Missiles wurden in der 600er Serie zusammengefaßt.

Als der Prototyp des 707er Jets entworfen wurde, bekam er die Arbeitsnummer 367–80. Man wollte den Jet »maskieren« und so tun, als sei er einfach eine Neuauflage des Boeing Stratocruiser. Als das Flugzeug »enthüllt« wurde, hat man mit ihm die 700er Serie eröffnet.

Warum trug das erste Flugzeug dieser Serie die Nummer 707 und nicht 700?

Boeing sagt dazu, daß diese Nummer deshalb ausgewählt wurde,

> weil sie auffällig war. Seitdem hat Boeing die Nummern aufgrund der Publikumswirksamkeit vergeben und die Folgenummern fortgesetzt.
> Die Nummern werden den Flugzeugen in der Reihenfolge zugeteilt, in der sie entworfen wurden, nicht nach der Anzahl der Triebwerke oder nach dem Datum, an dem das Flugzeug eingeführt wurde. So hat die 727, die vor der 737 kam, drei Triebwerke, während die 737 nur zwei hat. Die 767 wurde Ende 1982 für den Passagierverkehr eingesetzt, während die 757 erst Anfang 1983 als Transportmaschine auftauchte.

Was also ist mit der Boeing 717 passiert? Vielleicht hat die Firma nicht erkannt, daß ihre 700er Serie ein Markenzeichen des internationalen Luftverkehrs werden würde und hat die Nummer 717 deshalb einem anderen Jet zugeordnet – dem KC-135, ein Auftankflugzeug, das für die amerikanische Luftwaffe gebaut wurde. Die Luftwaffe benutzt die 717 bis heute, 25 Jahre nach ihrer Einführung.

Um weiteren Fragen zuvorzukommen – ja, 800er und 900er Nummern sind bereits in Gebrauch und bezeichnen so esoterische Geräte wie einen Mondsatelliten und Tragflächenboote.

Eingesandt von Fred Murphy
aus Menlo Park, Kalifornien.
Gedankt sei außerdem
David Goldsmith aus Berkeley, Kalifornien.

84

WARUM haben Fliegenklatschen Löcher?

Einfachste Physik. Die Löcher in der Fliegenklatsche reduzieren den Luftwiderstand und ermöglichen so schnelleres Klatschen. Je schneller Sie zuschlagen, desto größer sind Ihre Chancen, den Taugenichts zu erwischen.

Alle unsere Experten für Fliegenklatschen sind sich einig, daß die Hauptfunktion der Löcher darin liegt, den Luftwiderstand zu reduzieren. Aber wir haben uns auch mit einem Mann unterhalten, der noch gewagtere Ansichten vertritt. Jim Cowen ist Präsident des größten Fliegenklatschen-Herstellers der Welt, Roxide International, Inc.

Roxide experimentiert ständig mit verschiedenen Materialien, um die mögliche Schlaggeschwindigkeit zu erhöhen. Besonders stolz ist Cowen auf seine Fliegenklatschen, die komplett aus Plastik bestehen und Lexan-Harz (R) beinhalten, ein von General Electric entwickeltes Polymer, das eigentlich bei der Herstellung von Stoßstangen von Autos verwendet wird. Lexan macht es möglich, daß der Stiel der Plastikklatsche genauso biegsam ist wie der Fiberglas-Stab eines Stabhochspringers, womit die Chancen für einen schnellen und sauberen Totschlag steigen.

Doch nicht allen Kunden von Roxide gefällt die Technologie des Raumfahrtzeitalters. Cowen hat uns erzählt, daß vor allem Landwirte Fliegenklatschen aus Metall vorziehen. Warum?

> Sie glauben, das feinere Netz der Fliegenklatschen aus Metall verhindere, daß sich ein Windkissen unter der Fliegenklatsche bildet, das die Fliege verdrängen würde, bevor die Klatsche auf sie niedergehen kann.

Unabhängig von dem Material, das sie bevorzugen, sind sich alle Fliegenklatschen-Benutzer in ihrem Wunsch nach einem sauberen Totschlag einig (die Löcher in der Fliegenklatsche sind schließlich nicht dazu da, um die Fliegen zu durchsieben), und Cowen hat uns versichert, daß es ein Geheimnis gibt, das den »Klatscherfolg« sichert:

> Man sollte die Fliegenklatsche für zehn oder mehr Sekunden etwa einen Meter über die Fliege halten. Die Fliege gewöhnt sich dann daran, daß etwas über ihr schwebt; sie gibt ihre Habacht-Position auf und beginnt, ihre Zunge und ihre Beine zu pflegen (meist, um Essensreste zu beseitigen). Wenn Sie dann zur Tat schreiten, ist die Fliege beschäftigt, und ein schneller Schlag aus dem Handgelenk wird das ahnungslose Insekt töten.

Und für diejenigen von Ihnen, die zu sensibel sind, um die schandbare Tat selbst auszuführen, empfiehlt Cowen eine passive Lösung: Fliegenpapier. Roxide hat die klebrigen Streifen 1861 erfunden.

Eingesandt von Philip Writz aus Abbotsford, Wisconsin.

85

WARUM heben männliche Hunde beim Pinkeln das Bein?

Nicht deshalb, weil sie, wie landläufig angenommen wird, vermeiden wollen, daneben zu treffen und sich aus Versehen zu bespritzen.

Wann immer Sie einen Experten nach beliebigem Tierverhalten fragen, müssen Sie mit der Antwort rechnen, es gehe darum, das Territorium zu markieren. So ist es auch in diesem Fall.

Die meisten Hunde weisen ein zwanghaftes Urinierverhalten auf. Wenn sie ihr Bein heben, dann geht der Strahl nach oben und sehr viel weiter, so daß die Grenzenihres Territoriums großzügiger ausgedehnt werden. Und je größer das Territorium desto besser, glaubt der Hund.

Wir haben uns mit dem Tierarzt Ben Klein über diese Frage unterhalten, und er ist der Meinung, daß das Hochheben des Beins mit dem Testikelhormon zusammenhängt.

Hundejunge, die in ihren ersten vier Lebensmonaten kastriert wurden, heben ihr Bein nicht, ohne daß sich daraus negative Folgen ergeben.

Wir fragten Dr. Klein auch, ob diese Markierung tatsächlich funktioniert. Respektieren Hunde das Territorium anderer Hunde?

Dr. Kleins Antwort: Nicht mehr, als Menschen es tun.

Mit anderen Worten: Hunde, genau wie auch die menschlichen Machos, sonnen sich in einem auffälligen, aber letztlich völlig nutzlosen Verhalten.

Eingesandt von Wilma Lee Sayre
aus Cottageville, West Virginia.
Gedankt sei außerdem
Adam Hicks aus Potomac, Maryland,
Villard Brida aus Weirton, West Virginia,
Bob Campbell aus Pullman, Washington,
und Lawrence Ince aus Briarwood, New York.

86

WARUM
werden Fernsehbildschirme in der Diagonale gemessen?

Selten hat eine Frage soviel unschlüssiges Räuspern und Zögern hervorgerufen. Doch schließlich haben wir den mutigen Mann gefunden, der aussprach, was andere nur andeuteten. Und so überlassen wir Scott J. Stevens von Thomson Consumer Electronics, einer Unterabteilung von General Electric, das Wort: »... die diagonalen Maße sind größer als die horizontalen oder die vertikalen Meßwerte, so daß das Bild potentiellen Käufern größer vorkommt.«

Eingesandt von John D. Claypoole jr.
aus Norwalk, Connecticut.
Gedankt sei außerdem
Mike Ricksgers aus Saxonburg, Pennsylvania.

87

HAT ein U-Boot einen Anker?

Allerdings. U-Boote brauchen aus demselben Grund einen Anker wie andere Schiffe auch. Jedesmal, wenn ein U-Boot seine Position an der Wasseroberfläche beibehalten will und sich nicht in der Nähe einer Mole oder eines anderen Schiffs befindet, geht es vor Anker. Solange das U-Boot unter Wasser ist, braucht es keinen Anker, doch auch U-Boote müssen manchmal auftauchen, so daß ein Anker praktisch ist.

Einer unserer liebsten Korrespondenten, George Flower, der zufällig bei der Marine ist, schrieb uns:

> »Ein U-Boot auf dem Wasser ist eine sehr instabile Plattform, wie Ihnen jeder U-Boot-Matrose gerne bestätigen wird.« Wir hatten die irrige Vorstellung, daß ein Anker helfen würde, das U-Boot zu stabilisieren, doch Captain G. L. Graveson jr., Direktor für Öffentlichkeitsarbeit der Naval Submarine League, hat uns eines Besseren belehrt. Er hat uns erklärt, daß sich ein Schiff, das auf rauher See Anker geworfen hat, senkrecht zum Wind einpendelt, nur in diesem Sinne kann ein Anker die Turbulenzen an der Oberfläche verringern.

Doch Graveson meint, daß ein U-Boot an der Wasseroberfläche nicht wesentlich instabiler sei als jedes andere Schiff. Am wackeligsten ist ein U-Boot während des Untertauchens oder des Auftauchens. In dem Maße, wie sich Gravitations- und Auftriebszentren verändern, verändert sich auch die Gesichtsfarbe der empfindlicheren Matrosen.

Eingesandt von Jim Kowald aus Green Bay, Wisconsin.

88

WARUM bekommen Spechte keine Kopfschmerzen?

Keine schlechte Frage, besonders wenn man berücksichtigt, daß wir Menschen schon durch ein rein metaphorisches Mit-dem-Kopf-durch-die-Wand-gehen Kopfschmerzen bekommen. Der Specht hat das Glück, daß sein ganzer Körper darauf eingerichtet ist, ungestraft zu hacken.

Obwohl jede Specht-Art ihre anatomischen Eigenheiten aufweist, haben sie doch alle einen ungewöhnlich dicken Schädel.

Doch die »hackfreudigsten« Arten haben noch einen besonderen Vorteil: Ihr Schädel ist an der oberen Seite des Schnabels nach innen gebogen und nicht direkt mit dem Schnabel verbunden. Obwohl der Schnabel das häufige Hämmern aushalten kann, dient der Abstand zwischen Schnabel und Schädel als zusätzliche natürliche Federung.

Tatsächlich ist der Schnabel eines Spechts erheblich unempfindlicher, als er aussieht.

Seine Spitze ist zwar schmal, doch hat er eine breite Basis und ist erstaunlich robust; die Spitze dient dem Specht als Meißel. Wenn irgend etwas einen Specht in Gefahr bringen kann, dann sind es die herumfliegenden Bruchstücke.

Doch Mutter Natur hat auch für dieses Problem Vorsorge

getragen. Die Nasenlöcher der Spechte sind schmale Schlitze, so daß fliegende Späne nicht in ihrer Nase landen können.

Eingesandt von Reverend Harry T. Rowe
aus Milton, West Virginia.

89

WARUM ist noch einige Sekunden lang ein Ton zu hören, nachdem man den Radiostecker herausgezogen hat?

Dick Glass, Präsident der Professional Electronics Technicians Association, hat seine unerledigten Reparaturarbeiten einige Minuten im Stich gelassen, um uns diese Frage zu beantworten:

> Das Radio spielt weiter, weil die Netzteilkondensatoren sich bis auf die Stromversorgungsspannung aufladen, sagen wir auf 24 Volt. Die Netzteilkondensatoren sind extrem groß, damit jede Spannungsschwankung ausgeglichen wird.
>
> Wenn man das Radio ausschaltet, sind die Kondensatoren noch aufgeladen. Bis die Transistoren oder die Schaltkreise die Spannung reduzieren, funktioniert das Radio weiterhin, ganz so, als sei es noch mit einer Batterie verbunden. Wenn Sie einen ausreichend großen Netzteilkondensator haben, können Sie ein Radio stundenlang laufen lassen, ohne daß der Stecker eingesteckt ist.

Eingesandt von Dr. Charles Waggoner aus Macomb, Illinois.

90

WARUM funkeln Planeten nachts nicht?

Was bringt einen Sternenkörper zum Funkeln? Alan MacRobert von der Astronomiezeitschrift *Sky & Telescope* erklärt:

> Das Funkeln wird dadurch erzeugt, daß Lichtstrahlen durch Turbulenzen, bei denen sich warme und kalte Luft in der oberen Atmosphäre vermischt, leicht zerstreut werden. Einen Moment lang trifft das Licht des Sterns Ihr Auge, im nächsten Moment trifft es daneben.

Unser Auge täuscht unser Gehirn, indem es den Eindruck vermittelt, als würde der Stern im Himmel zucken. Die Sterne sind so weit von uns entfernt, daß sie wie einzelne Lichtpunkte wirken, selbst wenn wir sie durch ein hochkomplexes Teleskop beobachten. Wenngleich Planeten auf den ersten Blick für das nackte Auge die gleiche Größe haben wie Sterne, so sind sie eigentlich eher Scheiben am Himmel.

Jeff Kanipe, Mitherausgeber der Zeitschrift *Astronomy*, hat uns erzählt, daß die Scheiben von Planeten wie Venus, Mars, Jupiter und Saturn ganz leicht mit Hilfe eines Fernglases oder eines kleinen Teleskops betrachtet werden können.

Inwiefern beeinflußt dieser Größenunterschied zwischen Sternen und Planeten ihren Funkelquotienten? Wir haben schon festgestellt, daß Sterne auf das Auge wie einzelne Punkte wirken. Kanipe erklärt, wie dieser eine Punkt zu einem Funkeln wird:

> Wenn Sternenlicht die etwa 300 Kilometer der Erdatmosphäre durchquert, vernetzen sich die lichtbrechenden Eigenschaften der verschiedenen Luftschichten wie Linsen, die die Strahlen so stark brechen und zerstreuen, daß es aussieht, als würde der Stern ganz leicht hüpfen, und er beginnt zu funkeln.

MacRobert vergleicht die Wirkung der Strahlenbrechung mit unserer Wahrnehmung des Planeten:

> Die Scheibe eines Planeten kann man sich als viele Punkte vorstellen, die eng zusammenliegen (ja, wie Tausende von Lichtpunkten). Wenn ein Punkt einen Moment lang funkelt, kann der andere schwächer sein. Die Unterschiede gleichen einander aus, und das Licht erscheint stabil.

Kanipe formuliert es etwas anders:

> Das Licht eines Planeten entspringt jedem Teil seiner Scheibe, nicht nur einem einzigen Punkt. Wenn das Licht also durch die Atmosphäre reist, dann ist die Positionsverschiebung kleiner als die Größe des Planeten am Himmel, und das Funkeln ist nicht so ausgeprägt.

Haben Sie es immer noch nicht verstanden? Vielleicht hilft Ihnen ja der bodenständigere Vergleich, den Kanipe uns lieferte:

> Von einem Sprungbrett aus betrachtet, erweckt ein Geldstück auf dem Boden eines Schwimmbeckens den Eindruck, als würde es sich heftig hin- und herbewegen, weil das Wasser wie eine gebogene Linse wirkt, die die Lichtstrahlen, die von der Münze ausgehen, verzerrt. Versenkt man hingegen

einen Gartentisch in einem Schwimmbecken, so wirkt er von oben betrachtet recht stabil, weil das Wasser die Lichtstrahlen, die von dieser größeren Fläche reflektiert werden, nicht in so starkem Maß verzerren kann, daß der Eindruck erweckt würde, als schaukelte der Tisch hin und her.

Eingesandt von Henry J. Stark aus Montgomery, New York.
Gedankt sei außerdem
Frank H. Anderson aus Prince George, Virginia,
und J. Leonard Hiebert aus Nelson, British Columbia.

91

WARUM haben wir, wenn wir aufwachen, einen schlechten Geschmack im Mund?

Der schlechte Atem wird größtenteils durch schwefelhaltige Verbindungen im Mund erzeugt. Wie kommen sie dorthin? Und warum ist das Problem gerade morgens so auffällig?

Die im Mund lebenden Mikroorganismen sind nicht besonders anspruchsvoll, was die Wahl ihrer Nahrung anbetrifft. Sie delektieren sich an:

- Essensresten, die im Mund geblieben sind,
- Zahnbelag,
- Speichel, der sich in den Zahnzwischenräumen, auf dem Zahnfleisch und auf der Zunge befindet,
- und totem Gewebe, das vom Mund, vom Zahnfleisch und von der Zunge abgestoßen wird.

Die Mikroorganismen verwandeln dieses Essen in Aminosäuren und Peptide, die wiederum in Verbindungen aufgespalten werden, die einen scharfen, säuerlichen Geruch aufweisen. Zähneputzen hilft, um den Mund von all diesen Nahrungsquellen für Bakterien zu befreien. Doch die beste Verteidigung ist ein regelmäßiger Speichelfluß, der sich durch Reden, Kauen oder Schlucken einstellt – was die meisten von uns nur tun, wenn sie wach sind.

Je länger Essensreste im Mund bleiben, desto unangenehmer ist der Mundgeruch, so daß sechs bis zehn Stunden Schlaf die perfekte Brutzeit für Bakterien und eine ernsthafte Gefahr für empfindliche Nasen darstellen.

Eingesandt von Rowena Nocom
aus North Hollywood, Kalifornien.
Gedankt sei außerdem
Jason Glass aus El Monte, Kalifornien,
und Richard Slonchka aus McKees Rock, Pennsylvania.

92

WELCHEN
Zweck erfüllen Zigarrenbanderolen? Haben sie irgendeinen Sinn, außer dem, für den Namen des Herstellers Reklame zu machen?

Die Zigarrenbanderole wurde 1854 von Gustave Bock eingeführt, einem Europäer, der nach Kuba ausgewandert und maßgeblich am Aufbau der kubanischen Zigarrenindustrie beteiligt war. Norman R. Sharp, Präsident der Cigar Associates of America, Inc., erklärte uns dazu:

> Bock ließ ab 1854 Banderolen um seine Zigarren legen, um zu verhindern, daß sie gefälscht wurden. Offenbar haben Händler in den Tagen vor der Banderole manchmal die Schachteln geöffnet und Bocks Zigarren gegen schlechtere Marken ausgetauscht.

Eine Überlieferung besagt, daß die Zigarrenbanderole erfunden wurde, weil die Damen der höheren kubanischen Gesellschaft, unter denen Zigarrenrauchen damals zum guten Ton gehörte, sich über die Nikotinspuren an den Fingern beklagt hatten. Eine andere plausible Theorie erklärt, die Banderole festige die äußerste Schicht der Zigarre, falls das Gummi an den Enden nicht ausreicht.

Heute ist natürlich der einzige Zweck, den die Banderolen erfüllen, die Werbung für den Zigarrenhersteller, und viele Leute sammeln Banderolen. Zigarrenfreunde diskutieren schon seit langem darüber, ob die Banderole beim Rauchen entfernt werden soll. In seinem Buch *The Cigar* vertritt Z. Davidoff die Meinung, man solle die Banderole entfernen, doch schlägt er einen versöhnlichen Ton an:

> Wenngleich ich sehr empfänglich bin für die Poesie der Banderole, empfehle ich, sie zu entfernen, nachdem Sie die Zigarre angezündet haben, oder genauer noch, nachdem Sie ein Fünftel der Zigarre geraucht haben ... Die Zigarre ist in ihrer Nacktheit noch attraktiver ... Wenn Sie es allerdings vorziehen, eine Zigarre mit Banderole bis zur Hälfte oder sogar bis zu drei Vierteln zu rauchen, dann tun Sie das. Es ist keine anrüchige Praktik, und lassen Sie sich nicht beirren, wenn man Ihnen deshalb einen Vorwurf macht. Heutzutage, im Zeitalter der Nichtraucher, ist der Vorwurf, daß man die Banderole nicht entfernt hat, die geringste Sorge eines Zigarrenrauchers.

Eingesandt von Douglas Watkins, Jr.,
aus Hayward, Kalifornien.

93

WARUM gibt es keine Nektarinen in der Dose?

Frische Nektarinen erfreuen sich großer Beliebtheit. Nektarinen sind im Prinzip Pfirsiche mit glatter Haut; sie unterscheiden sich nur durch ein rezessives Gen voneinander. Gibt es also einen technischen Grund dafür, warum man keine Nektarinen in Dosen kaufen kann? Oder liegt es einfach an mangelnder Nachfrage?

Ein bißchen von beidem trifft zu. Nur einer der Experten, an die wir uns gewandt haben, nämlich Les Rose, Vizepräsident für Verfahrenstechnik der Apricot Producers of California, war der Meinung, daß Nektarinen genausogut in Dosen eingelegt werden können wie Pfirsiche. Rose behauptet, daß mangelnde Nachfrage sowie die höheren Gewinne, die sich durch das frische Produkt erzielen lassen, der Grund dafür sind, daß es keine Dosennektarinen gibt.

Unsere anderen Informationsquellen waren jedoch der Ansicht, daß technische Überlegungen im Vordergrund stünden. Nektarinen sind in der Regel sehr weich. Bill Johnson, Manager der Informationsabteilung der California Canning Peach Association, sagt, daß die maschinelle Bearbeitung, die nötig ist, um Obst für die Eindosung vorzubereiten, die Struktur der Nektarinen zerstört. Nektarinen bekommen leicht Dellen und sehen somit wenig ansprechend aus.

Ronald A. Schuler, Präsident der California Canning

Peach Association, gab zu Protokoll, daß eine Konservenfabrik in Fresno, Kalifornien, vor einigen Jahren den Versuch unternommen hat, Nektarinen in Dosen einzulegen. Der Versuch sei leider gescheitert, weil die Frucht zu weich war; die Fabrik mußte Verluste einstecken. Das Angebot der Nektarinen ist in der Regel ohnehin geringer als das an Pfirsichen. Wie Charles D. Kesner, Gartenbauspezialist an der Michigan State University, uns mitteilte, sind Nektarinen sehr empfänglich für Fäulnis. Die Kosten, die Fäulnispilze in feuchtem Klima auszurotten, sind zu hoch, so daß die Nektarinenproduktion in den USA auf die Weststaaten begrenzt ist. Ronald A. Schuler erklärte uns, daß immer weniger Pfirsiche in Dosen konserviert werden. Da die Verbraucher zunehmend die frische Ware wählen, liegt die Zukunft für die Hersteller eher beim Frisch- als beim Dosenobst.

Eingesandt von Douglas Watkins, Jr., aus Hayward, Kalifornien.

94

WARUM strecken Hunde ihre Köpfe so gern aus dem fahrenden Auto? Und warum hassen sie es, wenn man ihnen ins Ohr bläst?

Die meisten Leute, die die erste Frage stellen, stellen im gleichen Atemzug auch die zweite. Sie wundern sich, warum ein Hund es liebt, bei 100 Stundenkilometern die Autobahn entlangzusausen und den Kopf in den Wind zu strecken, aber ausweicht, wenn man ihm beim Spielen ein bißchen in die Ohren pustet. Doch Hundekenner bestehen darauf, daß diese beiden Fragen genauso wenig miteinander zu tun haben wie Äpfel und Birnen.

Natürlich hat niemand die Hunde zu diesem Thema befragen können, doch die einhellige Expertenmeinung sieht so aus, daß Hunde den Kopf zum Autofenster heraushängen, weil sie von Natur aus neugierig sind. Viele Hunde sind nicht groß genug, um vom Beifahrersitz aus einen ungestörten Blick auf die Außenwelt zu haben, und die meisten Hunde sind zu klein, um auf dem Rücksitz eine Aussicht nach vorne oder nach hinten genießen zu können. Den Kopf aus dem Fenster zu strecken ist eine gute Methode, die Umgebung abzuchecken und zugleich eine schöne frische Brise zu genießen.

Doch wenn man einem Hund ins Ohr bläst, selbst wenn man ganz vorsichtig ist, kann es ihm weh tun, und zwar nicht deshalb, weil die Haut oder die Nerven so empfindlich wären, sondern wegen des Geräusches, das der Luftstrom erzeugt. Der Tierarzt Ben Klein hat uns berichtet, daß man einen Hund auf Taubheit testet, indem man ihm durch einen Trichter ins Ohr bläst. Wenn der Hund dabei ruhig bleibt, so ist das ein Zeichen für Taubheit. Wir mögen davon ausgehen, daß es ein Spiel oder eine Liebkosung ist, einem Hund ins Ohr zu pusten, so wie es ein erotisches Vorspiel ist, einem menschlichen Partner zärtlich ins Ohr zu pusten, doch ein Hund empfindet diesen Laut etwa so wie ein Mensch das Kratzen mit Nägeln auf einer Tafel. Die Frequenz des Tons macht ihn verrückt.

Eingesandt von Frederick A. Fink
aus Coronado, Kalifornien.
Gedankt sei außerdem
Allison Crofoot aus Spring Valley, New York,
Candace Savalas aus New York, New York,
Rich Williams aus San Jose, Kalifornien,
Douglas Watkins, Jr., aus Hayward, Kalifornien,
Melanie Jongsma aus Lansing, Illinois,
Jacob Schneider aus Norwalk, Ohio,
David Hays und Paul Schact aus Newark, Ohio,
und Roseanne Vitale aus Port St. Lucie, Florida.

95

WARUM
trifft Ostern immer auf so unterschiedliche Termine?

Wir wissen nicht genau, an welchem Tag Jesus geboren wurde, doch wir wissen zumindest, welches Datum dafür in unserem Kalender vermerkt ist. Das Datum für das Osterfest jedoch variiert so stark, weil die Datierung von Ostern auf dem Mondkalender basiert.

Die frühen Christen feierten Ostern an demselben Tag wie das jüdische Passahfest, doch die Christen, die sich von den jüdischen Gebräuchen absetzen wollten, änderten das Datum für Ostern auf dem Konzil von Nicaea im Jahr 325. Wie alle anderen gesetzgebenden Organe, so wollte auch dieses Konzil einige recht komplizierte Vorschriften erlassen: Ostern sollte auf den ersten Sonntag nach dem ersten Vollmond an oder nach der Frühjahrs-Tag-und-Nachtgleiche (21. März) fallen.

Lange bevor die Auferstehung Jesu gefeiert wurde, beging buchstäblich jede westliche Gesellschaft die Wiedergeburt der Natur im Frühling mit einem Fest. Ironischerweise trägt einer der höchsten christlichen Feiertage den Namen einer heidnischen Göttin. Der Name Ostern stammt von der angelsächsischen Göttin Eostre, der die Frühlings-Tag-und-Nachtgleiche unterstand.

Eingesandt von Marilyn B. Atkonson aus Grass Valley, Kalifornien. Gedankt sei außerdem Mojo Chan aus Scarborogh, Ontario, und Susan E. Watson aus Jamestown, Rhode Island.

96

WOHIN fliegen Schmetterlinge, wenn es regnet?

Es ist nicht so, daß Schmetterlinge Sonnentage einfach lieber haben. Sie brauchen das Sonnenlicht, um ihre Körpertemperatur zu regulieren. Ob es nun regnet oder nicht – sobald die Sonne hinter Wolken verschwindet oder untergeht, suchen die Schmetterlinge auf der Stelle Schutz.

So wie Menschen sich unter einen Baum retten können, finden auch die Schmetterlinge Schutz. Laut Rudi Mattoni, Redakteur der Zeitschrift *Journal of Research on the Lepidoptera,* zählen die Unterseiten von Blättern oder die Stämme von Büschen oder Grashalme zu den Lieblingsplätzen, an denen Schmetterlinge sich ausruhen.

Schmetterlingskörper sind extrem empfindlich, und so hat die Natur sie mit Möglichkeiten ausgestattet, sich gegen Regen zu schützen. Wenn sie sich im Ruhezustand befinden, dann verhindert die Tränenform der Schmetterlinge, daß Regen sich auf den Flügeln oder auf dem Körper sammelt.

Richard Zack, Kurator und Direktor der James Entomological Collection an der Washington State University, fügt hinzu, daß die meisten Schmetterlinge einen Flug in starkem Regen nicht überleben würden. Nicht nur, weil der Wind sie schnell außer Gefecht setzen würde, auch weil die großen Regentropfen ein immenses Risiko wären.

Eingesandt von Jennifer Martz aus Pottstown, Pennsylvania.

97

WARUM sehen Augen auf Fotos manchmal rot aus? Warum gilt das in besonderem Maße für die Augen von Katzen und Hunden?

Haben Sie je ein rotes Auge auf dem Bild eines professionellen Fotografen gesehen? Natürlich nicht, denn die Fachleute wissen, daß die Kunden ein Bild von der Topographie ihres Gesichts haben wollen und keine Forschungsreise in die Blutbahn ihrer Augen.

Ja, das Rot, das Sie sehen, ist Blut, und Sie werden röter sehen, als Sie es je wollten, wenn Ihr Blitz sich zu nah am Objektiv Ihrer Kamera befindet. Ralph E. Venk, Präsident der Photographic Society of America, erklärte uns, daß das Licht des Blitzes direkt durch die Linse des Auges tritt und so die Netzhaut des Augapfels, die Retina, beleuchtet, die dann von der Kamera aufgenommen wird. Das Problem der roten Augen setzt sich aus zwei Faktoren zusammen, denn erstens wird bei Dunkelheit ein Blitz eingesetzt, und zweitens öffnet sich das menschliche Auge im Dunkeln weiter.

Hier ein paar einfache Tricks, wie Sie rote Augen von Ihren zukünftigen Fotos verbannen können:

1. Versuchen Sie, den Blitz möglichst weit von der Objektivachse entfernt zu halten. 8 bis 9 Zentimeter sollten ausreichen. Thomas J. Dufficy von der National Association of Photographic Manufacturers,

teilte uns mit, daß die Hersteller von Fotoapparaten Verlängerungen für Blitzwürfel auf den Markt brachten, als das Problem der roten Augen bei den ersten Blitzwürfeln auftauchte. Es handelt sich um etwa 8 cm lange Stangen, die den Winkel zwischen der Achse des Objektivs und dem Blitzwürfel vergrößern.

2. Wenn Sie im Dunkeln fotografieren, achten Sie darauf, daß die Leute nicht direkt in die Linse schauen. Sie werden bemerkt haben, daß bei Gruppenaufnahmen immer die Person, die direkt in die Linse blickt, das rotäugige Opfer ist. Auch für Ihre Modelle wird das Fotografieren auf diese Weise angenehmer, denn ein veränderter Winkel verringert die Gefahr, daß sie durch den Blitz kurzzeitig geblendet werden.

3. Ein bescheidener Vorschlag: Versuchen Sie nicht zu fotografieren, wenn es stockduster ist. Selbst ohne die roten Augen scheinen solche Fotos nie zu gelingen. Überlassen Sie diese »Höhlenfotos« den Profis.

Und warum haben Hunde und Katzen auf Fotos ganz besonders häufig rote Augen? Sowohl Hunde als auch Katzen haben größere und offenere Pupillen als Menschen, so daß der Blitz direkt in ihre unschuldige Retina eindringen kann.

Eingesandt von Abby Mason aus Canton, Ohio.
Gedankt sei außerdem
Gene Newman aus Broomall, Pennsylvania,
Eleanor Lynn aus Worcester, Vermont,
und Megan A. Martin aus Chino, Kalifornien.

98

WARUM
haben Hunde feuchte Nasen?

Eine immer wieder gern gestellte Frage. Wir riefen Freunde von uns, Tom und Leslie Rugg, an, die viele Nachschlagewerke über Hunde besitzen, und fragten, ob sie in ihren Büchern irgend etwas über Hunde und feuchte Nasen finden könnten. Sicher, antworteten sie. Sie haben verschiedene Bücher gefunden, die etwas über die Schweißdrüsen in den Hundenasen schreiben, die Flüssigkeit absondern. Die Feuchtigkeit der Nase verdampft, wenn der Hund durch die Nase ausatmet, und wirkt dadurch kühlend.
Hörte sich gut an. Allerdings befanden wir uns in einem moralischen Dilemma. Wir behaupten immer, daß die von uns beantworteten Fragen solche sind, deren Erklärungen sich nicht so leicht in Büchern finden. Und wir suchen dann Experten, die unsere Geheimnisse aufdecken. Sollten wir es wirklich zulassen, daß diese Frage aufgrund von Büchern beantwortet wird?
Wir beschlossen also, uns die Antworten aus Tom und Leslie Ruggs Büchern von Fachleuten bestätigen zu lassen.
Inzwischen wissen wir, woher der Spruch »Schlafende Hunde soll man nicht wecken« stammt. Den ganzen folgenden Monat waren wir damit beschäftigt, zahlreiche Tierärzte, Hundeanatomen, Zoologen, Hundehistoriker und sogar Spezialisten für Atemorgane von Hunden

anzurufen. Ohne Ausnahme waren sie freundlich, gelehrt und interessant. Doch einen Punkt haben wir an Hundeexperten und an Wissenschaftlern im allgemeinen ernsthaft zu bemängeln: Sie weigern sich, jemandem einen Bären aufzubinden.
Wie sehnen wir uns nach den Experten und Expertinnen in den Geistes- und Sozialwissenschaften, die für alles eine Theorie haben und einen fehlenden Beweis noch nie als Hindernis für ihre Aussagen angesehen haben. Doch die ehrwürdigsten Hundeforscher des Landes von so angesehenen Veterinärinstituten wie der Cornell University und der Iowa State University beharrten darauf, daß wir näher daran sind, Menschen zu klonen als eine Antwort auf unsere Frage zu finden.
Und hier ist das, was wir erfahren haben: Die meisten gesunden Hunde haben die meiste Zeit feuchte Nasen. Wenn ein Hund eine trockene Nase hat, dann kann das einfach ein Zeichen dafür sein, daß er in einem geheizten Zimmer geschlafen oder seine Nase für längere Zeit in seinen Pfoten vergraben hat. Aber es kann auch bedeuten, daß der Hund an Feuchtigkeitsmangel leidet, was oft ein frühes Warnzeichen für eine nahende Krankheit ist. Doch was bewirkt überhaupt, daß die Nase feucht ist? Dazu bekamen wir hauptsächlich drei Theorien zu hören:

1. Die seitlichen Nasendrüsen in einer Hundenase scheiden eine Flüssigkeit aus. Einige dieser Drüsen befinden sich neben den Nasenlöchern und sind vielleicht für den Großteil der Flüssigkeit verantwortlich, doch hat bisher niemand beweisen können, auf welche Weise die Sekrete zur Nasenspitze gelangen (denn es gibt keine Drüsen an der Außenseite der Nase).

2. Dr. Howard Evens von der Cornell University nimmt an, daß die Feuchtigkeit wahrscheinlich eine Kombination der Sekrete aus den lateralen Nasendrüsen und den (nasalen) Vestibulardrüsen sind.

3. Dr. Don Adams, ein Spezialist der Iowa State University für die Atemorgane von Hunden, hat dem hinzugefügt, daß Hunde ihre Nase oft ablecken. Viel von dem, was uns als ein Sekret an der Hundenase erscheint, kann eigentlich Speichel sein.

Und welche Funktion können die feuchten Nasen haben? Auch hierzu gibt es mehrere Theorien:

1. Am wahrscheinlichsten ist, daß die Sekrete der Nasendrüsen dazu da sind, damit der Körper des Hundes überschüssige Hitze abgeben kann. Hunde schwitzen anders als Menschen. Sie geben Hitze ab, indem sie mit heraushängender Zunge hecheln. Während sie hecheln, dringt die meiste Luft durch die Nase ein, die effektiver ist, wenn es darum geht, Wasserdampf zu verdunsten. In seinem Buch *How Animals Work* schreibt der Zoologe Knut Schmidt-Nielsen:

Bei den Hunden, die wir untersucht haben, wurde im Durchschnitt etwa ein Viertel der Luft, die durch die Nase eingeatmet wurde, auch wieder durch die Nase ausgeatmet, und die übrigen drei Viertel durch den Mund. Allerdings konnten die Mengen stark variieren, und in jedem beliebigen Moment konnten zwischen 0 und 100 Prozent des eingeatmeten Luftvolumens auch durch die Nase wieder ausgeatmet werden.

Schmidt-Nielsens Studie vermerkt auch, daß das

Ausatmen durch den Mund den Wärmeverlust der Hunde verdoppelt hat und daß manche Hunde, die nur leicht überhitzt waren, überhaupt nicht hechelten. Schmidt-Nielsen meint, daß die einzige Funktion der Nasendrüsen wahrscheinlich darin besteht, Feuchtigkeit für den Wärmeaustausch zu bieten.

2. Die seitlichen Nasendrüsen enthalten geruchsbindende Partikel, die den Hunden das Riechen ermöglichen. Dr. Dieter Dellman von der Cornell University hat uns erzählt, daß Hunde besser riechen können, wenn sie den Duft von einer feuchten Fläche empfangen. Es ist jedoch nicht bekannt, ob die Feuchtigkeit an der *Außenseite* der Hundenase tatsächlich den Geruchssinn fördert.

3. Dr. Adams ist der Meinung, daß die lateralen Nasendrüsen eventuell mit den Speichelfunktionen zusammenhängen. Er hat uns von einem persönlichen Erlebnis erzählt. Eines Tages untersuchte er Sekrete der lateralen Nasaldrüsen (und wir dachten schon, wir hätten einen seltsamen Beruf!), und er bekam Mitleid mit dem armen Hund, der einen hohen Kragen tragen mußte. Die Sekrete traten in einem ständigen Tröpfeln aus, und Adams beschloß, den Hund mit ein paar Wurststücken zu belohnen. Plötzlich triefte es noch heftiger aus den seitlichen Nasendrüsen. Adams behauptet nicht, eine Erklärung dafür zu haben, doch solche zufälligen Entdeckungen zeigen, warum Wissenschaftler nicht bereit sind, definitive Antworten zu geben, bevor sie nicht den Wahrheitsgehalt ihrer Theorie überprüft haben.

4. Die Feuchtigkeit ist ein kosmischer Witz, der nur den Zweck hat, das Leben all jener Menschen zu vermiesen, die darüber schreiben. Das ist natürlich unsere eigene Theorie.

Eingesandt von Kelly Marropodi aus Tucson, Arizona.
Gedankt sei außerdem
Erin Johnson aus Marietta, Georgia,
und Mike Surinak aus Tucson, Arizona.

99

WAS
ist der Unterschied zwischen einer Taschenuhr und anderen Uhren?

Der Unterschied liegt nicht nur in der Größe. Einige alte Taschenuhren waren größer als unsere heutigen Reisewecker. Uhren wurden im 14. Jahrhundert in Italien erfunden, und Taschenuhren folgten über hundert Jahre später.

Von Anfang an wurden Uhren von Gewichten angetrieben. Das Ereignis, das Taschen- und auch Armbanduhren möglich machte, war die Erfindung einer neuen Technologie für den Antrieb des Uhrwerks – der Stahlfeder.

Heute, da sowohl in Taschen- bzw. Armbanduhren als auch in anderen Uhren neue Techniken verwendet werden, liegt der Unterschied zwischen den einzelnen Uhrtypen oft nur in der Größe, in der Tragbarkeit und darin, an welchem Körperteil man die Uhr trägt.

Eingesandt von Cuesta Schmidt
aus West New York, New Jersey.

100

WARUM ragen unter dem Küchenwaschbecken so häßliche Rohre hervor? Und warum haben sie eine S-Form? Weshalb nimmt man nicht einfach ein gerades Rohr?

Glauben Sie uns, Colleen, das ist nicht einfach ein Trick der Klempner, um uns mehr Rohre zu verkaufen. Wir brauchen diese Rohre.

Die U-förmigen Rohre unter dem Waschbecken (und auch unter der Toilette, um genau zu sein) nennt man Siphon. Das Rohr ist so gebogen, damit in der Biegung Wasser, nicht Luft, stehenbleibt, das als Abdichtung und Geruchsverschluß dient.

Warum will man eine absichtliche Blockade aus Wasser schaffen? Weil das Wasser dafür sorgt, daß weder Abwassergeruch noch sonstige unangenehme Düfte durch die Rohre bis ins Zimmer dringen. Gelegentlich verhindert der Siphon auch, daß Dinge im Abfluß verschwinden. Gary Feslinger, Marketing-Manager bei Kohler Co., erklärte uns: »In manchen Fällen rettet der Siphon wertvolle Dinge davor, auf Nimmerwiedersehen in der Kanalisation zu verschwinden, wenn man sie aus Versehen ins Waschbecken fallen ließ.«

Eingesandt von Colleen Uehara aus San Jose, Kalifornien.

101

WARUM sind alle Gondeln schwarz?

Mit dieser Frage wurden wir während Jim Easons Talk Show auf KGO in San Francisco konfrontiert. Wir waren angesichts dieser schwierigen Frage zunächst sprachlos, doch viele Anrufer boten ihre Theorien an. Die meisten Erklärungen liefen darauf hinaus, daß Schwarz das Sonnenlicht besser absorbiert. Wir waren sehr skeptisch, denn wir hatten bislang noch nicht allzu viele Boote gesehen, die schwarz gestrichen waren.

Wir zogen in Erwägung, nach Venedig zu fliegen, um diese Frage persönlich zu klären (Reisekosten aus beruflichen Gründen, die sich durchaus rechtfertigen lassen, nicht wahr?), doch unglücklicherweise stolperten wir über die Antwort, bevor wir den Flug buchen konnten.

Der Ursprung dieser Boote liegt im dunkeln, keiner weiß, woher das Wort *gondola* stammt. Gondeln gibt es etwa seit dem 11. Jahrhundert, und sie waren wahrscheinlich in den verschiedensten Farben gestrichen. Doch 1562 wurde in Venedig ein Gesetz über Luxusgüter verabschiedet, das verlangte, alle Gondeln schwarz zu streichen.

Viele Gesetze über Luxusgüter hatten eigentlich das Ziel, extravagante oder unnötige Ausgaben zu beschränken. Doch zu dieser Zeit empfahl die katholische Kirche, Gesetze zu erlassen, die jede Zurschaustellung um ihrer

selbst willen verbannten, besonders im Bereich der Kleidung und der Dekoration.
Dennoch hat die Gondel immer italienischen Prunk bewahrt. Denn im Gegensatz zu ihrer düsteren Farbe trägt sie eine glitzernde Metallverzierung zur Schau, die den nach oben strebenden Bug des Bootes schmückt. Niemand weiß, ob die sieben Zacken am Bug des Bootes jemals eine symbolische Bedeutung hatten oder bloßer Schmuck waren, doch die Verzierung hat die Absicht des Gesetzgebers immer unterlaufen.

102

WIE kommt es, daß Insekten in Mehl oder Obst offenbar plötzlich und aus dem Nichts auftauchen? Woher kommen sie?

Wenn Sie glauben, daß Ihr Haus oder Ihre Wohnung ein Hafen ist, ein ruhiger und sauberer Fluchtort vor dem Chaos der Außenwelt, dann sollten Sie sich David Bodanis' Buch *The Secret House* zu Gemüte führen, eine Studie über die Welt der Natur in unseren Häusern. Mit Hilfe furchterregender, eindringlicher Fotos zeigt Bodanis uns, daß für jede einzelne Kakerlake, die wir vielleicht nachts über unseren Küchenboden kreuchen sehen, Tausende von Milben existieren, mikroskopisch kleine Insekten, die sich größtenteils durch eine ausgewogene Ernährung aus Haut- und Haarresten am Leben erhalten.

Jedes Mal, wenn Sie eine Zeitung auf den Eßtisch werfen oder Deodorant im Badezimmer versprühen, traumatisieren Sie Tausende von kleinen Kreaturen. Deshalb sollte es uns nicht überraschen, daß die Insekten in unserem Haushalt sich für andere Nahrungsmittel zu interessieren beginnen. Mehl mag uns wenig schmackhaft erscheinen, doch verglichen mit ausgefallenem Haar ist es eine annehmbare Alternative. Viele Insekten verseuchen Lebensmittel, bevor sie verpackt werden, oft in Form von Eiern. Dr. George W. Rambo von der

National Pest Control Association teilte uns mit, daß diese Tierchen eingelagerte Produktinsekten genannt werden. Jeder, der in der Nahrungsmittelindustrie arbeitet, rechnet damit, daß Einzelteile von Insekten und/oder Nagetieren viele verschiedene Lebensmittel verpesten; indem die zuständigen Behörden Maximalwerte festsetzen, geben sie zu, daß diese Restbestände in Lebensmitteln unvermeidbar sind.

Selbst wenn sich die Insekten noch nicht im Mehl oder im Obst befinden, wenn Sie es kaufen, so werden sie sich ihm nähern, sobald Sie das Produkt zu Hause haben. Sie mögen Mehl für langweilig halten, doch für Getreidemilben oder Mehlwürmer duftet es wie Ambrosia.

Viele der Insekten im Mehl sind für das bloße Auge kaum zu erkennen. Für ein Tier, das weniger als 3 mm lang ist, ist es kein Problem, in eine Packung einzudringen, vor allem, wenn sie bereits geöffnet ist.

Man kann den Kampf gegen diese Viecher eigentlich nur verlieren. Unser Rat lautet, sich über die Schädlinge Sorgen zu machen, die man sehen kann, und die anderen zu vergessen.

Eingesandt von Karole Rathouz aus Mehlville, Missouri.
Gedankt sei außerdem
Jill Palmer aus Leverett, Massachusetts,
Scott Parker aus Beaumont, Texas,
Nicola Locke aus Belmont, Massachusetts,
Jane Doty aus Tigard, Oregon,
und Beverly Ditolla aus Arvada, Kalifornien.

103

WARUM soll Rotwein Raumtemperatur haben und Weißwein gekühlt serviert werden?

In einem vor kurzem in der *New York Times* erschienenen Artikel wurde berichtet, daß der Weinabsatz in den USA seit den 80er Jahren gesunken sei. Wenngleich wohlhabende Amerikaner in den 70er Jahren damit begannen, viel mehr Wein zu konsumieren, sind die Versuche der Weinindustrie, die Durchschnittsbürger zum Kauf von Weinkühlern und ähnlichem zu verführen, in den 80er Jahren offensichtlich fehlgeschlagen. Was ist geschehen? Obwohl ein Durchschnittsamerikaner antworten mag, daß er keine 10 DM für eine Flasche Wein in einem Geschäft oder 30 DM für die identische Flasche in einem Restaurant ausgeben will, ist es durchaus möglich, daß dieselbe Person 3 DM für eine Flasche Evian ausgibt, das sich geschmacklich kaum von Leitungswasser unterscheidet.
Wir glauben, daß es einen anderen Grund gibt. Der Verbraucher hat Angst vor Wein und dem ganzen Spektakel, das damit verbunden ist. Wer möchte die Dame seines Herzens zum Essen in ein gutes Restaurant ausführen und dann penetrant den Namen des Weins falsch aussprechen, was zu einem eisigen Blick von seiten des Obers führt, bei dem man ausgerechnet *diesen* Wein bestellt. (War das jetzt Rotwein, den man zum Fisch

trinkt? fragt sich der arme Tropf. Oder doch Weißwein? Und was mache ich, wenn ich ein Steak bestelle, und sie den Fisch wählt? Da fällt mir ein: Es gibt doch auch rosa Wein – oder nicht?) Und, was am schlimmsten ist, unser armer Tropf muß so tun, als wüßte er, was er tut, wenn der Ober oder der Weinkellner ihm den Wein eingießt, den er jetzt probieren muß. Er weiß, daß der Kellner weiß, daß er ganz und gar nicht weiß, wie er auch nur so tun könnte, als könne er tatsächlich die Qualität des Weins beurteilen anstatt einfach nur zu versuchen, nicht wie ein kompletter Idiot zu wirken.

All das – und dann muß man auch noch ein halbes Vermögen dafür bezahlen, daß man sich demütigen ließ.

Ich persönlich bestelle Wein lieber im Restaurant, als daß ich ihn zu Hause trinke. Ich habe eine bemerkenswert niedrige Erfolgsquote, wenn ich versuche, den Korken intakt herauszuholen. Wenn es mehr Weine mit Drehverschlüssen gibt, werde ich vielleicht in Erwägung ziehen, mich als Weinspezialist zu profilieren.

Eine der großen Wahrheiten, die wir den alten Griechen verdanken, ist die Regel, Rotwein niemals kaltzustellen. Das haben wir schon unendliche Male gelesen, doch nie wird erklärt, warum es so ist. Wir freuen uns, Ihnen mitteilen zu können, daß wir ein paar Weinexperten gefunden haben, die den Schleier dieses Mysteriums ein wenig lüften konnten. Wir überlassen Sam Folson vom San Francisco Wine Institute das Wort:

> Rotwein enthält eine Reihe von natürlichen Säuren, vor allem Gerbsäure, sowie andere Bestandteile, die in Weißwein nicht vorkommen. Das liegt daran, daß für Rotwein die Trauben samt Schale fermentiert werden, bei Weißwein jedoch nicht. Viele dieser natürlichen Säuren befinden sich in der Schale der Trauben.

Wenn Rotwein gekühlt wird, verstärken sich die natürlichen Säuren, während der Geschmack der Traube zurücktritt. Das Ergebnis ist ein Wein, der herb schmeckt, ohne daß er irgendeinen anderen Geschmack aufweist. Bei Raumtemperatur befinden sich die natürlichen Säuren in einem deutlicheren Gleichgewicht mit dem Geschmack der Trauben, so daß der Wein viel ansprechender ist.

Weißweine sind in gekühltem Zustand erfrischend, und sie leiden nicht unter demselben Ungleichgewicht des Geschmacks, da sie weder Gerbsäure noch andere Säuren enthalten.

Wir haben auch mit Barbara Mader Ivey gesprochen, der Direktorin von Women on Wine, einer Frau, die beweist, daß es möglich ist, Weinexpertin zu sein und dabei Sinn für Humor zu haben. Sie bestätigt, daß Rotwein, der Raumtemperatur hat, am besten schmeckt, doch empfiehlt sie gesunden Menschenverstand. Wenn Ihr Raum sich in der heißen Wüstenstadt Palm Springs befindet und keine Klimaanlage hat, so wird ein süßer Nouveau Beaujolais im Sommer nicht am besten bei Raumtemperatur zu genießen sein. Und obwohl die meisten Weißweine durch Kühlen noch verbessert werden, meint sie, daß jeder gute Wein bei Raumtemperatur einen guten Geschmack hat – wenn ein Fehler begangen wird, dann der, daß viele Leute den Weißwein zu kühl stellen.

Eingesandt von Roy Welland aus New York, New York.
Gedankt sei außerdem
Charles Myers aus Ronkonkoma, New York.

104

STIMMT ES, daß sich die Menstruationszyklen von Frauen, die zusammen wohnen, einander angleichen? Wenn ja, warum?

Ja, das stimmt. 1971 hat M. K. McClintock in einem Artikel in *Nature* wissenschaftlich nachgewiesen, was Frauen schon seit langem behaupten: Frauen, die zusammen wohnen, haben synchrone Menstruationszyklen. Spätere Wissenschaftler haben McClintocks Ergebnisse bestätigt. Bisher kann niemand dieses Phänomen erklären, aber viele Theorien sind widerlegt worden.

Das American College of Obstetricians and Gynecologists hat uns auf einen Artikel im *American Journal of Human Biology* von 1989 hingewiesen, der diese Frage bei den Hörnern packt. Der Artikel, in dem die Meinung vertreten wird, Umwelteinflüsse, nicht Pheromene, bewirken Menstruationssynchronie, wurde von drei Ärzten (B. B. Little, D. S. Guzick und R. M. Malina) und einem Anthropologen (M. D. Rocha Ferreira) geschrieben. Er faßt die Ergebnisse eines faszinierenden Experiments zusammen. Die Autoren haben 127 College-Studentinnen beobachtet, die in 12 um einen Innenhof angeordneten Häusern wohnten. Die Studie wurde im Herbst durchgeführt, und die Frauen hatten den Sommer alle an unterschiedlichen Orten verbracht.

Die Ergebnisse waren erstaunlich. Im ersten Monat des Zusammenwohnens wich der erste Tag der Menstruation im Durchschnitt um 13,7 Tage vom Mittelwert ab. Im nächsten Monat war die durchschnittliche Abweichung auf 2,6 Tage gesunken! Und obwohl in einem Monat des Zusammenwohnens ein hohes Maß an Synchronie erreicht wurde, kam im zweiten Monat nur noch 0,3 Tage hinzu.

Indem sie alle möglichen anderen demographischen und persönlichen Informationen sammelten, waren die Wissenschaftler in der Lage, andere offensichtliche Parallelen auszuschließen, zum Beispiel zwischen Synchronie und Alter, sportlichen Interessen oder der Anzahl der seit der ersten Menstruation vergangenen Jahre. Andere Studien haben gezeigt, daß Mütter, Töchter und Schwestern keine prinzipielle Synchronie in ihrem Menstruationszyklus aufweisen, es sei denn, sie wohnen zusammen.

Ältere Studien sind davon ausgegangen, daß Pheromone die Synchronie hervorrufen. Doch ein Ergebnis dieser neuen Studie läßt Zweifel an dieser Theorie aufkommen: Die Tatsache, daß man in einem Haus zusammenwohnt, hat die Synchronie leicht verstärkt, doch ließ sich damit nur ein kleiner Teil der Abweichungen erklären. Wenn die Abgabe von Pheromonen der Schlüssel zum Menstruationszyklus wäre,

> dann hätten diejenigen, die ein Zimmer oder eine Wohnung teilen, deutlich höhere Synchronie an den Tag legen müssen, während Frauen, die nicht zusammenwohnen, auch nicht synchron menstruieren dürften. Im Gegensatz dazu zeigen die Ergebnisse dieser Studie, daß die Variation der Menstruationszyklen zum großen Teil umweltbedingt ist (d.

> h. es ist eine gemeinsame Variable vorhanden), möglicherweise bis zu 91 Prozent. So mag das Zusammenwohnen ein Surrogat für die gemeinsamen umweltbedingten Wirkungen auf die Synchronie sein und nicht notwendigerweise eine Möglichkeit, Pheromonen ausgesetzt zu sein.

Die Wissenschaftler, die diese Studie durchführten, spekulieren nicht darüber, was genau diese umweltbedingten Faktoren sind. Es war jedenfalls nicht die Ernährung, denn jedes Haus bereitete seine eigenen Mahlzeiten zu – mit anderen Worten, es lag nicht am College-Fraß. Vielleicht war es der ähnliche Tagesablauf (alle Frauen mußten bis Mitternacht zu Hause sein und durften abends keine männlichen Besucher empfangen), der dazu beitrug. Und wenngleich wir die Gründe für den synchronen Zyklus nicht kennen, so kann es doch ganz praktisch sein, wenn man zusammen wohnt.

Eingesandt von Rocco Manzo aus St. Louis, Missouri.

105

WARUM sind Blaupausen blau?

Nicht deshalb, weil Architekten unbedingt in Primärfarben herumplanschen wollen. Niemand bezweifelt, daß weiße Linien auf blauem Papier mühevoll zu lesen sind. Doch das Papier ist billig. Die Salze, die bei der Produktion von Blaupausen verwendet werden, sind es, die nach der Entwicklung blau werden. Dennis McClendon von der American Planning Association hat uns mitgeteilt, daß die Silbersalze, die für Fotografien verwendet werden, einen schönen schwarzen Ton ergeben, der sich gut gegen weißes Papier absetzt. Doch Silbersalze sind teuer und kompliziert herzustellen. Vor etwa 100 Jahren wurden die Originale architektonischer Zeichnungen mit Tusche angefertigt. Das war ein kostspieliger, arbeitsaufwendiger Prozeß. Deshalb hat man die Technologie der Blaupausen entwickelt, um Originale relativ preisgünstig zu reproduzieren, und die Blaupausen-Technik hat sich in fast hundert Jahren kaum verändert.

Das Arbeiten mit Blaupausen war eine feuchte Angelegenheit. Die Originalzeichnung aus Tusche wurde auf durchsichtigem Pauspapier angefertigt. Das Pauspapier wurde dann auf ein anderes Papier gelegt, das mit einer Eisen-Zyanid-Mischung beschichtet war.

Die Blaupause wurde dann ultraviolettem Licht ausgesetzt, in Pottasche entwickelt, mit Wasser abgespült und getrocknet. Ursprünglich ließ man die Pausen zum Trocknen in der Sonne liegen, später jedoch hat man in Blaupausen-Maschinen investiert, die mit Graphitbogenlampen oder Quecksilber-Dampflampen ausgestattet waren. Die Tuschezeichnung des Originals wurde als weiß reproduziert, und die leeren Flächen hoben sich in klarem Blau ab, dank der Eisen-Zyanid-Beschichtung. Die Blaupausen-Technik erwies sich als billiges, relativ schnelles und verläßliches Verfahren.

Nur ein Problem stellte sich: Niemand las gerne Blaupausen.

Da kam die Diazo-Technik zu Hilfe. Diazo-Materialien sind nicht mit Eisen- und Zyanid-Salzen beschichtet, sondern mit Diazo-Salzen und einem Koppler (der die Pause schließlich färbt), die in Ammoniak-Dämpfen entwickelt werden. Der größte Vorteil der Diazo-Technik liegt darin, daß, nachdem die Zeichnung ultraviolettem Licht ausgesetzt wurde, die leeren Stellen des Originals weiß (oder zumindest hell) wiedergegeben werden und die undurchsichtigen Stellen dunkel erscheinen (meist blau). Diese Weißpausen kann man lesen, ohne das Auge zu überfordern. In den späten 50er Jahren hatte die Diazo-Technik, die in den späten 20er Jahren erfunden worden war, die Blaupausen größtenteils als bevorzugte Methode der Reproduktion von Architekturzeichnungen ersetzt. Viele Architekten und die meisten Laien bezeichnen die Weißpausen allerdings weiterhin nostalgisch als Blaupausen.

Bald mag es eine ähnliche Weißpausen-Nostalgie geben, denn die Diazo-Reproduktion verliert ihre Marktanteile nach und nach an Großformatkopierer für Dokumente. Die Geräte selbst sind sehr teuer, doch die meisten Architekturfirmen sind begeistert davon, wie praktisch sie sind. Wenn sie auch sonst keine Vorteile haben mögen, so hinterlassen sie in der Repro-Abteilung zumindest keine Wolke von Ammoniakgestank.

Eingesandt von Herbert Kraut
aus Forest Hills, New York.
Gedankt sei außerdem
Laurence Ince aus Briarwood, New York.

106

WIE kommt es, daß Säuglinge höhere Körpertemperaturen vertragen als ihre scheinbar widerstandsfähigeren Eltern?

Wenn Erwachsene hohes Fieber haben, dann sind sie in der Regel ziemlich krank. Säuglinge hingegen haben oft hohe Temperaturen, ohne dabei ernsthafte Erkrankungen aufzuweisen. Die Körpertemperatur von Säuglingen verändert sich schneller, leichter und mit viel größeren Schwankungen als die von Erwachsenen.

Warum? Unser Körper besitzt eine Art Thermostat, der im Hypothalamus liegt. Wenn wir uns mit einem Virus oder mit Bakterien infizieren, dann stören Giftstoffe das Funktionieren des Thermostats und machen ihm weis, daß 39,4 Grad normal seien – und nicht 37 Grad. Bei einem Baby bedeutet ein Fieber von 39,4 Grad nicht notwendigerweise eine schlimmere Krankheit als ein Fieber von 38,3 Grad.

Babys haben einfach noch keinen so gut entwickelten Hypothalamus wie Erwachsene. Die Stabilisierung und Regulierung der Temperatur entwickelt sich, wie auch andere Fähigkeiten, wenn das Baby älter wird.

Fieber ist ein Symptom, nicht eine Ursache von Krankheit. Genauer gesagt ist Fieber sowohl ein Verteidigungsmechanismus des Körpers gegen Infektionen als auch ein zuverlässiger Alarmmechanismus.

Die erste Reaktion von Eltern, wenn ihr Baby Fieber hat, sieht so aus, daß sie es wie einen Eskimo einpacken, besonders dann, wenn sie das Haus mit ihm verlassen. Doch Mütter und Väter wissen es nicht immer am besten. Fieber ist kein wirklicher Feind und sollte auch nicht als solcher behandelt werden. Der Körper versucht, eine Infektion zu bekämpfen, indem er die Temperatur erhöht. Wenn man das Baby einwickelt, so verhindert das eher den Hitzeverlust, der schließlich das Fieber senkt.

Eingesandt von Ron Pateman aus Chicago, Illinois.

107

WAS ist der Grund für statische Elektrizität? Warum besteht im Winter mehr statische Elektrizität als im Sommer?

Richard Anthes, Präsident der University Corporation for Atmospheric Research, hat uns die Antwort auf diese Frage gegeben, wobei er eine Präzision an den Tag gelegt hat, um die man ihn nur beneiden kann.

1. Statische Elektrizität basiert darauf, daß sich ein Unterschied in der elektrischen Ladung zweier Gegenstände aufbaut und dieser Unterschied sich plötzlich in einem elektrischen Funken entlädt.
2. Ein Ladungsunterschied, der ausreicht, um statische Elektrizität zu erzeugen, kann nur aufgebaut werden, wenn nicht viel elektrisches Leitungsvermögen in der Luft liegt.
3. Das Leitungsvermögen von feuchter Luft ist höher als das von trockener Luft.
4. Die relative Luftfeuchtigkeit in Häusern oder anderen Gebäuden ist im Winter gewöhnlich sehr viel niedriger als im Sommer.
5. Deshalb kommt es eher im Winter als im Sommer zu statischer Elektrizität.

Statische Elektrizität kann allerdings auch im Sommer auftreten, wenn die Luftfeuchtigkeit sehr gering ist oder wenn die Klimaanlage die Luft im Gebäude zu trocken werden läßt.

Eingesandt von Reverend Ken Vogler
aus Jeffersonville, Indiana.

108

WIE überleben Regenwürmer im Winter? Können sie kriechen und Nahrung finden?

Es geht ihnen ziemlich gut, danke. Richard Zack, Kurator und Direktor der James Entomological Collection in Washington, erklärt dazu:

> Würmer leben und kriechen auch im Winter herum, selbst bei Temperaturen unter dem Gefrierpunkt. Ihre Aktivität läßt allerdings nach, und im Vergleich zum Sommer wirken sie relativ passiv. Bedenken Sie, daß der Boden in den meisten Teilen unseres Landes selten tief gefriert und daß Schnee ein guter Isolator gegen Minustemperaturen und Wind ist. Wenn ein Wurm in gefrorener Erde gefangen wird, dann bleibt er passiv, aber lebendig, bis der Boden wieder auftaut.

Eingesandt von Robert Commaille aus Bethel, Connecticut.

109

WARUM tauchen nach einem Regen Würmerauf den Bürgersteigen auf?

Woher kommt dieses plötzliche Interesse am Leben der Regenwürmer? Sind die 90er Jahre die Dekade der Würmer?Was glauben Sie wohl, warum sie hervorkriechen? Aus gesundheitlichen Gründen? Ganz richtig. Für die meisten Würmer besteht der Alltag darin, daß sie kleine Löcher in den Boden graben. Wenn es regnet, füllen sich diese Löcher mit Wasser. Blieben die Würmer in den Löchern, dann würden sie ertrinken. Würmer sind zwar Kriechtiere, aber keine Tölpel.Warum versammeln sie sich nach dem Regen auf dem Bürgersteig? Das hat zwei Gründe. Bürgersteige bieten während eines Regengusses einen festeren Grund als Erde oder Gras. Außerdem bietet der Bürgersteig einen schönen hellen Hintergrund, auf dem wir Dunkles, Würmer und Insekten etwa, gut erkennen können. Doch wenn sie den Rasen untersuchten, der sich gleich neben dem Bürgersteig befindet, dann würden Sie auch dort eine Menge Würmer sehen, die versuchen, über Wasser zu bleiben, und sich wünschen, sie hätten es bis zum Bürgersteig geschafft.

Eingesandt von Mike Arnett aus Chicago, Illinois.
Gedankt sei außerdem
Karole Rathouz aus Mehlville, Missouri,
John P. Eichman aus Yucaipa, Kalifornien,
Willard Wheeler aus Upland, Kalifornien,
und Tam Trauschke aus Whitehall, Pennsylvania.

110

WAS genau passiert physiologisch, wenn einem der Magen knurrt?

Sie haben selbst dann Gas in Ihrem Magen, wenn Sie (und andere) es nicht bemerken. Sie schlucken Gas, wenn Sie essen und trinken, genauso, wie Sie ständig Speichel schlucken. Ein Teil dieses Gases entsteht auch durch die Fermentierung von Bakterien in Ihrem Magen.

Stellen Sie sich vor, Ihr Magen und Ihre Gedärme seien eine Waschmaschine in einem Waschsalon. Anstelle von Kleidern, Wasser und Waschmittel, die herumgewirbelt werden, sind es in Ihrem Fall feste Nahrungsmittel und Flüssigkeiten, die Sie zu sich genommen haben, Wasser, Verdauungssäfte und Gas, die permanent aufgewühlt und durchgeknetet werden, selbst wenn Sie es gar nicht merken.

Dieses Aufwühlen mischt die Nahrung und die Enzyme, so daß es für den Magen und den Darm einfacher ist, das Essen zu verdauen und aufzunehmen.

Doch ebenso, wie das überflüssige Wasser und die Seifenlauge aus der Waschmaschine weggespült werden müssen, muß auch das Essen, das noch im Magen ist, abgegeben werden. Die Kontraktionen ermöglichen, daß die Reste in den Dickdarm gelangen, wo sie dann zu Kot verarbeitet werden.

Dr. Frank Davidoff vom American College of Physicians beschreibt die mühselige Reise der Gase in den Magen:

Wenn die Blasen aus Gas und Flüssigkeit in einem hohlen Muskelschlauch miteinander vermischt werden und der Schlauch sich in Wellen zusammenzieht, während er seinen Inhalt unterwegs durchknetet, und dabei die Mischung portionsweise durch schmale, zusammengezogene Darmteile preßt, dann ist das Ergebnis Gurgeln, Platschen und Quietschen jeder Art – Grummeln, Knurren, Rumpeln, wie immer Sie es nennen wollen.

Der Magen scheint stärker zu knurren, wenn man hungrig ist, weil eine der physiologischen Reaktionen auf Hunger eine verstärkte Muskelaktivität des Darms ist, ganz so, als würde er das kommende Essen erwarten und sich darauf vorbereiten, es weiterzutransportieren.

Natürlich bricht der Vergleich mit der Waschmaschine an dieser Stelle zusammen. Der Waschmaschine ist es ziemlich egal, ob sie weiterhin gefüttert wird, und im Gegensatz zu unseren Mägen stopfen wir nicht ständig Kleider, Wasser und Waschpulver in ihren Schlund, während sie noch versucht, ihre aktuelle Ladung zu verarbeiten.

Eingesandt von Karen Lueck aus Tulsa, Oklahoma.
Gedankt sei außerdem
Ronald C. Semone aus Washington, D. C.,
Margaret MacDonald aus San Francisco, Kalifornien;
Karl Valindras aus Petaluma, Kalifornien,
und David A. Bohnke aus Monroeville, Indiana.

111

WARUM läuft das Wasser aus der Badewanne nördlich vom Äquator gegen den Uhrzeigersinn ab und südlich vom Äquator im Uhrzeigersinn?

Die Antwort darauf finden Sie in jedem Physikbuch, Astronomiebuch oder Lexikon. Die Erddrehung lenkt Körper, die sich bewegen, in die entsprechende Richtung. Dieses Gesetz hat der französische Ingenieur Gaspard de Coriolis im 19. Jahrhundert entdeckt.

Die Frage ist, ob die Coriolis-Kraft wirklich stark genug ist, um die Spiralbewegung von Abflüssen zu beeinflussen. Viele andere Faktoren wie Windmuster, die Konfiguration oder Unregelmäßigkeiten der Badewanne (bei unserer Badewanne zum Beispiel läuft das Wasser im Uhrzeigersinn ab) und die Zirkulation des Wassers, wenn es das Becken füllt, wirken stärker auf die Art und Weise, wie es abfließt.

Wissenschaftler haben bewiesen, daß Wasser sich noch lange, nachdem es schon stillsteht, an seine Zirkulationsmuster erinnert. Der Physiker Ascher H. Shapiro vom Massachusetts Institute of Technology hat sich die Mühe gemacht, Wasser acht Tage lang stehenzulassen und erst dann den Stopfen aus dem Abfluß zu ziehen. Unter diesen Bedingungen hat er herausgefunden, daß sich der Strudel wiederholt entgegen dem Uhrzeigersinn bewegte. Seine Ergebnisse wurden von einer Forschergruppe der Universität von Sydney bestätigt, die herausfand, daß in ihrer runden Badewanne auf der anderen Erdhalbkugel das Wasser stets im Uhrzeigersinn ablief. Die meisten Wissenschaftler sind sich einig, daß der Coriolis-Effekt nicht für größere Wassermengen gilt, wie zum Beispiel für Flüsse und Ströme. Ein weiterer Ort, wo sich der Coriolis-Effekt nicht bestätigt, ist die Toilette. Die Kraft des Spülens ist zu stark, viel stärker als das schwache Ziehen der Coriolis-Kraft.

112

WARUM
können wir uns nicht selbst kitzeln?

Mit dieser Frage haben Psychologen seit Freud gekämpft, doch sind sie nicht sehr weit gekommen. Viele glauben, daß Aspekte wie Überraschung, Aggressivität und Sexualität notwendig sind, um ein Lachen hervorzurufen. Wie sehr wir uns selbst auch lieben mögen, es ist nicht so leicht, uns mit einem Kitzeln zu überraschen.

113

WARUM
haben Männer Brustwarzen?

Es gibt das Argument, daß Brustwarzen ein verkümmertes Organ sind, eines, das im Laufe der weiteren Evolution bei Männern vielleicht vollkommen verschwinden wird. Der Blinddarm ist ein anderes Organ dieser Art, das früher vielleicht eine wichtigere Funktion für unseren Körper hatte als heute, wo es primär dafür da ist, Chirurgen einen hohen Lebensstandard zu ermöglichen. Tatsächlich ist es so, daß Männer diese anatomische Ausrüstung haben, um Milch zu produzieren, doch ruhen die entsprechenden Drüsen, es sei denn, man stimuliert sie mit dem weiblichen Hormon Östrogen. Haben in einer fernen Vergangenheit vielleicht die Männer die Kinder gestillt?

114

WELCHER Sadist hat die Krawatte erfunden und zu welchem Zweck?

Der fragliche Sadist hat es aus weiser Voraussicht vorgezogen, anonym zu bleiben. Was den Zweck betrifft, so haben wir keinen einzigen Beleg finden können, daß Krawatten jemals eine andere Funktion hatten als die, einfach schön auszusehen. Die Neckware Association of America stimmt uns da zu.

Die moderne Krawatte ist eine Variante der Krawatten, die zuerst von kroatischen Händlern getragen wurde. Im 17. Jahrhundert eroberte diese masochistische Mode Frankreich im Sturm. Die Engländer haben den französischen Stil modifiziert und, typisch für sie, Krawatten so unbequem wie möglich gemacht, was im weiteren unausweichlich zur amerikanischen Revolution führte.

115

WARUM
empfehlen Ärzte immer, daß man viel Flüssigkeit zu sich nehmen soll, wenn man eine Erkältung hat?

Hat Ihnen jemals irgend jemand erklärt, *warum* es wichtig ist, viel Flüssigkeit zu sich zu nehmen, wenn Sie eine Erkältung haben? Die Antwort ist ganz einfach: um einen allzu großen Wasserverlust zu vermeiden.

Dr. Frank Davidoff vom American College of Physicians in Philadelphia war nicht nur bereit, uns zu erklären, warum wir alle brav sein und viel Flüssigkeit trinken müssen, sondern auch, warum wir bei einer Erkältung überhaupt einen Flüssigkeitsverlust erleiden und warum wir das vermeiden sollten.

Wenn wir krank sind, dann ist uns in der Regel nicht nach Essen oder Trinken zumute, so daß wir ohnehin Flüssigkeit verlieren. Zusätzlich entzieht Fieber dem Körper Flüssigkeit.

Nein, wenn Ihre Temperatur ein Grad höher als normal ist, dann verdunstet das Wasser in Ihrem Körper nicht auffällig schneller. Doch Fieber beschleunigt den Stoffwechsel. Das Ergebnis ist, daß Sie mehr Kohlendioxid ausatmen und somit mehr Sauerstoff brauchen, damit Ihr Körper funktioniert, das heißt Sie atmen schneller. Bei jedem Atemzug geben Sie Flüssigkeit ab. Wenn Sie atmen, hauchen Sie buchstäblich Wasser und auch heiße Luft aus, genauso, wie ein Wal Wasser ausspritzt.

Davidoff macht darauf aufmerksam, daß Blasinstrumente aus Messing Spritzventile benötigen, um das kondensierte Wasser abzulassen, weil die Luft, die durch das Horn geblasen wird, so feucht ist.
Hohes Fieber ist an sich schon gefährlich, so daß der Körper versucht, es zu bekämpfen. Der Hauptverteidigungsmechanismus sieht so aus, daß Flüssigkeit verdunstet und durch die Haut abgegeben wird. Manchmal ist die Flüssigkeit kaum wahrnehmbar, manchmal treten Schweißperlen auf (weshalb wir in der Regel verschwitzt sind, wenn wir Fieber haben), oder man ist völlig durchgeschwitzt, wenn das Fieber schließlich seinen Höhepunkt erreicht. Viel Flüssigkeit zu sich nehmen ist also eine Methode, das Wasser, das durch Verdunstung, Schwitzen und Atmen verlorengegangen ist, wieder zu ersetzen. Aus medizinischer Sicht ist es ganz besonders wichtig, einen Flüssigkeitsverlust von vornherein zu vermeiden. Davidoff erklärt uns, warum:

> Ein Flüssigkeitsverlust ist nie gut, aber wenn eine Infektion vorhanden ist, zum Beispiel eine Erkältung, dann kann dieser Zustand sogar gefährlich sein.
>
> 1. Flüssigkeitsverlust führt dazu, daß Sie sich allgemein nicht wohl fühlen, zusätzlich zu den Unannehmlichkeiten der Infektion.
> 2. Flüssigkeitsverlust kann Verstopfung erzeugen oder verstärken, und da Bettruhe und verminderte Nahrungsaufnahme ebenfalls zu Verstopfung führen, ist das eine schlechte Kombination.
> 3. Schließlich, und das ist am wichtigsten, verdickt Flüssigkeitsverlust die Schleimabsonderungen der Nasenhöhlen und der Bronchialpassagen. Dicke Sekrete können die Atemwege in den Nasenhöhlen

und Lungen blockieren. Diese Verstopfung der Atemwege kann zu Unwohlsein führen, die Infektion der Nasenhöhlen verschlimmern, Zusammenfallen des Lungengewebes hervorrufen, und, was am schlimmsten ist, eine progressive Infektion der Lunge zur Folge haben, die sich schließlich zu einer Lungenentzündung entwickeln kann.

Eingesandt von Daniel T. Placko jr.
aus Chicago, Illinois.

116

WARUM erzeugen bunte Seifen und farbiges Shampoo weiße Lauge?

Gehen wir von den Briefen aus, die wir bekommen, so scheint diese Frage unsere Leserinnen und Leser im Moment besonders zu bewegen. Der Himmel weiß, warum, aber so ist es.

Hier ist die Lösung. Bunte Seifen oder Shampoos enthalten nur sehr wenig Farbstoff. Donald Beaty, Physikdozent am College of San Mateo, formuliert es so: »Wenn die Flüssigkeit sich in einer Flasche befindet, dann hat das Licht, in dem die Flüssigkeit betrachtet wird, einen langen Weg durch das bunte Shampoo oder die Flüssigseife hinter sich zu bringen. Doch wenn Sie Lauge herstellen, dann wird die wasserlösliche Farbe stark verdünnt. Der prozentuale Anteil von Farbstoff, der in dem Originalprodukt enthalten ist, wird stark reduziert.« Beaty fügt hinzu, daß nichts Geheimnisvolles mit dem farberzeugenden Teil in der Farbe geschieht:

> Licht, das von der Oberfläche einer Seifenblase reflektiert wird, enthält dasselbe Farbspektrum wie das Licht, das auf den Schaum fällt. Wir nehmen das reflektierte Licht als weißes Licht wahr.

Sally Miller, eine Repräsentantin der Kundenberatung des Seifen- und Shampookönigs Proctor & Gamble, hat uns erzählt, daß die Hersteller problemlos ausreichend

Farbstoff in Seife oder Shampoo geben könnten, um farbige Lauge zu erzeugen, doch Untersuchungen haben ergeben, daß die meisten Kunden weißen Schaum bevorzugen. Ein hoher Farbanteil würde vielleicht auch Ihre Handtücher färben.

Eingesandt von Dave Calicchia
aus West Palm Beach, Florida.
Gedankt sei außerdem
Mary Cannon aus Chandler, Arizona,
Barry Rhodes, Gene Mace und Jim Hill aus Ucon, Idaho,
Jodie Masnick aus Howell, New Jersey,
Danny Brown aus Flora, Illinois,
Steve Altig aus Las Vegas, Nevada,
Johanna Tiefenbach aus Waldron, Saskatchewan,
und Nancy Fukuda aus Monterey, Kalifornien.

117

WARUM tragen die meisten Menschen ihre Armbanduhr links?

Zuerst dachten wir: Das ist doch ganz klar. Die meisten Menschen sind Rechtshänder und benutzen den rechten Arm öfter als den linken. Deshalb ist die Gefahr, daß sie die Uhr beim Tragen am meistbenutzten Arm beschädigen, größer.

Wir haben mit verschiedenen Spezialisten über dieses Thema gesprochen, zum Beispiel mit dem Uhrenexperten Henry Fried, mit Pat Campbell von Bulova und mit Lowell Drutman von Timex. Sie alle stimmten unserer Theorie zu, haben diese jedoch noch ergänzt. »Haben Sie jemals einen Rechtshänder beobachtet, der versucht hat, ein Lederband an seinem rechten Handgelenk zu schließen?« fragte uns Drutman. »Er wird nicht sehr erfolgreich sein.« Versuchen Sie es. Drutman hat recht.

Alle drei hatten noch eine weitere Theorie parat, die erklären kann, warum auch viele Linkshänder ihre Uhren links tragen. Seit den Tagen der Taschenuhr befindet sich die Krone (das Rädchen, an dem man die Uhr aufzieht) neben der 3, das heißt auf der rechten Seite der Uhr. Diese Position erschwert es, die Uhr mit der linken Hand aufzuziehen, egal, ob Sie Linkshänder, Rechtshänder oder beidhändig sind. Es wird die Aufgabe der Soziologen der Zukunft sein herauszufinden, ob die Generationen von Uhren, die man nicht mehr aufzuziehen braucht, sich auf diese Vorliebe für das linke Handgelenk auswirken werden.

Fried hat uns auch berichtet, daß noch kein Uhrenhersteller versucht hat, eine Uhr für Linkshänder auf den Markt zu bringen, obwohl es schon vorgekommen ist, daß ein ikonoklastischer Designer die Krone neben die 9 gesetzt hat.

Eingesandt von Margaret McCallion aus Londonderry, New Hampshire. Gedankt sei außerdem Jim LaBelle aus South Bend, Indiana, und Sharon Roberts aus Amos, Quebec.

118

WARUM sehen Venen blau aus, obwohl Blut rot ist?

Mit einigen unserer Leser haben wir Ärger bekommen, als wir in einem früheren Band eine witzige Erklärung für den Ausdruck blaublütig gegeben haben, also werden wir in diesem Falle ernst bleiben. Und so überlassen wir einem unserer Lieblingsberater im Bereich Medizin, Dr. Frank Davidoff vom American College of Physicians, das Wort:

> Venen sehen blau aus, weil sie recht große Blutgefäße sind, voller Blut, dem die Sauerstoffladung entzogen wurde, und weil sie zudem so dicht unter der Hautoberfläche liegen, daß Sie die bläuliche Farbe dieses Blutes sehen können.

Die roten Blutkörperchen, die etwa 40 Prozent Ihres Blutvolumens ausmachen, enthalten die Substanz Hämoglobin, die Sauerstoff trägt. Das Hämoglobin greift den Sauerstoff auf und bindet ihn, wenn die roten Zellen durch Ihre Lungen laufen. Bei diesem Prozeß nimmt das Blut ein leuchtendes Rot an. Diese Kombination aus Sauerstoff und Hämoglobin wird Oxyhämoglobin genannt. Dieses Oxyhämoglobin wird unter Druck aus Ihrem Herz gepumpt und gerät in die großen muskulären Blutgefäße, die Arterien heißen.

Im Gewebe angelangt, laufen die roten Blutkörperchen mit ihrem Oxyhämoglobin weiter durch winzige Blutge-

fäße, die man Kapillare nennt, wo sie ihren Sauerstoff an die Zellen abgeben, die ihn für den Stoffwechsel benötigen. (Die Haut besitzt sehr viele Kapillaren, deshalb ist gesunde, nichtpigmentierte Haut rosa, ein plötzlicher Schwung von zusätzlichem Oxyhämoglobin in erweiterten Blutgefäßen in der Haut führt zu dem Phänomen des Errötens.)
Wenn das Hämoglobin seinen Sauerstoff verliert, nimmt es eine dunkelblaue bzw. dunkellila Farbe an (Deoxyhämoglobin) und sammelt sich in den immer größer werdenden Venen auf dem Weg zurück zum Herzen.
Während die größten Venen sich tief im Gewebe befinden (sie verlaufen in der Regel paarweise mit den größten Arterien), liegen einige relativ dicke Venen auch direkt unter der Haut, wo Sie ihre blaue Farbe bewundern können, falls diese nicht zu sehr unter braunen Hautpigmenten (Melanin) verborgen ist.

Eingesandt von Mrs. R. D. Harvey
aus Gulf Breeze, Florida.
Gedankt sei außerdem
Jae Hoon Chung aus Demarest, New Jersey,
und Ron Pateman aus Chicago, Illinois.

119

WARUM
sieht fast alles dunkler aus, wenn es naß ist?

Wenn man genau darüber nachdenkt, hat die Leserin Russel recht. Lassen Sie einige Tropfen Wasser auf Ihre neue cremefarbene Bluse tropfen, und Sie werden einen dunklen Fleck sehen. Wenn Sie neben jemand stehen, der sein Perrier auf Ihren dunkelblauen Blazer schüttet, dann schafft dieses helle Getränk es irgendwie, die Farbe der Jacke noch dunkler erscheinen zu lassen. Warum? Grundkurs Physik, wie sich herausstellt. Die Farbe Ihrer Kleidung kann sich durch drei Phänomene verändern:

1. Selbst eine dünne Wasserschicht zwingt Licht, das auf die Kleidung fällt, sich in dem Wasser zu brechen. Das Licht wird auf diese Weise zerstreut.
2. Schon die Reflexion auf der Wasseroberfläche führt dazu, daß das Licht zerstreut wird.
3. Eine Kombination der beiden soeben genannten Punkte hat zur Folge, daß sich auf der Jackenoberfläche an dieser Stelle schließlich weniger Licht befindet, dessen Reflex Ihr Auge wahrnehmen kann. Und so sieht der Fleck dunkler aus als der Rest der Jacke, der keinen Wettstreit mit dem Wasser eingehen muß, um Licht zu reflektieren.

Eingesandt von Kathleen Russel aus Grand Rapids, Michigan.
Dank auch an Kent Parks aus Raleig, North Carolina.

120

WIE
reinigen Känguruhs ihre Beutel?

Laut Rick Barongi, dem Kurator für Säugetiere des Zoos von San Diego, benutzen Känguruhs die Vorderpfoten, um ihre Beutel weit zu öffnen; dann stecken sie den Kopf hinein und lecken den Beutel aus!
Nachdem die Känguruhmutter das Kind geboren hat, ist es nicht so ganz einfach, den Beutel sauberzuhalten, denn die Säuglinge hausen viele Monate lang darin (bis zu sieben oder acht Monaten bei den großen Känguruharten).
Danach hüpfen sie ab und an heraus, um einen Spaziergang zu machen oder sich einen Snack zu be- sorgen, doch wenn sie hungrig sind, kommen sie zurück in Mutters Beutel.
Die Känguruh-Kinder hocken so lange im Beutel, bis sie nicht mehr hineinpassen oder ihre Mütter sie nicht mehr hineinlassen.
Was ist es nun genau, das die Mutter bei ihrer Säuberung aus dem Beutel herausholt?
Miles Roberts, stellvertretender Direktor der Forschungsabteilung beim National Zoological Park, hat uns darüber aufgeklärt, daß sich außer den zu erwartenden Epidermisflocken, die sich dort ansammeln, auch noch eine wachsige Substanz im Beutel bildet, die die Känguruhs abzulecken versuchen. Wenn der Beutel von ihrem Kind besetzt ist, nimmt die Reinigungsaktivität

der Mutter zu: Sie muß nicht nur die üblichen Reste auflecken, sondern auch noch alles, was der Kleine sonst so fallen läßt.
Und wir beklagen uns schon übers Windelnwechseln.

Eingesandt von Terri Rippey aus Saint Joseph, Missouri.

121

WIE können Männer Falsettstimmen erzeugen?

Wir haben dazu eine erstklassige Antwort von Dr. Michael J. D'Asaro, einem Sprachpathologen aus Santa Monica, Kalifornien, bekommen:

> Die Falsettstimme, die höchstmögliche Tonhöhe, wird durch eine extreme Kontraktion der Kehlkopfmuskeln und eine Erhöhung des Kehlkopfes erreicht, so daß nur ein ganz kurzes Segment der Stimmbänder vibrieren kann, der Teil, der am weitesten vorne liegt.

Der Rest der Stimmbänder wird still gehalten, und der kurze Teil, der vibriert, tut dies auf einer extrem hohen Frequenz, genauso wie die kürzeren Saiten eines Musikinstruments.

Sänger können erlernen, ohne Unterbrechung der Vibration von ihren gewöhnlichen Tonhöhen in den Falsettbereich zu gelangen, doch D'Asaro sagt, daß eine ungeübte Stimme oft einen Bruch in der Vibration aufweist, ähnlich wie beim Stimmbruch, den männliche Jugendliche in der Pubertät durchmachen.

122

WARUM
hört man nie Frauen, die Falsett singen?

Dieses Detail hat Dr. D'Asaro, Gott sei Dank, als Zugabe zu seiner Antwort auf die vorige Frage hinzugefügt. Hier seine Erklärung:

> Bei den Frauenstimmen gibt es kein Gegenstück zum Falsett. Der weibliche Stimmapparat ist viel kleiner als der männliche und vibriert dementsprechend auf einer höheren Frequenz. Er kann nicht höher vibrieren als im Sopran, obwohl es eine Reihe bemerkenswerter Ausnahmen unter den Sängerinnen gibt, die extreme Höhen erreichen.

Eingesandt von Dr. Michael J. D'Asaro
aus Santa Monica, Kalifornien.

123

WARUM scheint kaltes Wasser, das aus dem Wasserhahn im Badezimmer kommt, kälter zu sein als das Wasser aus dem Küchenhahn?

Das entscheidende Wort in dieser Frage ist »scheint«. All unsere Klempner-Experten behaupten, dem sei nicht so. Gary Felsinger, Marketing Manager der Abteilung für Wasserhähne und Installationen bei Kohler Co., hat uns ein paar plausible Erklärungen angeboten: Die Wassertemperatur kann durch die Länge des Rohres beeinflußt werden, durch die Art der Isolierung und vielleicht auch durch Heizungsrohre, die oft unter dem Schrank eingebaut sind, wo das Küchenwaschbecken installiert ist. Doch diese drei Bedingungen würden nur für einen winzigen Teil der Häuser und Wohnungen zutreffen. Jim Datka von American Standard meinte, daß die Wasserhähne im Badezimmer in der Regel häufiger benutzt werden als die in der Küche.

Vielleicht haben unsere Fragesteller einen ohnehin schon kalten Wasserhahn im Badezimmer benutzt? Oder sie probierten das kalte Wasser, nachdem sie gerade heißes Wasser laufen ließen – vielleicht nach dem Geschirrspülen?

Die Klempner, mit denen wir gesprochen haben, sind der Meinung, diese Frage sei eine Finte. Sie haben alle darauf hingewiesen, daß das Wasser in einem Haus aus

derselben Quelle kommt und dieselbe Temperatur hat, wenn es ins Haus hineingeleitet wird.
Die Erklärung der Experten leuchtet dem Mr. Spock in uns ein, aber nicht Scotty, um einen Vergleich aus *Raumschiff Enterprise* anzuführen. Denn, verflixt, das Wasser in unserem Badezimmer scheint *tatsächlich* kälter zu sein als das kalte Wasser in unserer Küche.
Liebe Leser und Leserinnen, ist das kalte Wasser in Ihrem Badezimmer kälter als das in Ihrer Küche? Hat irgend jemand eine Theorie, die entweder die Realität oder die Einbildung klärt, die hinter dieser nur halb beantworteten Frage steht?

Eingesandt von Joni E. Ray, Karen K. Kinomen und Bill M. Quillard aus Vancouver, Washington. Gedankt sei außerdem Caroline Corenzo aus Worcester, Massachusetts.

124

GIBT es einen bestimmten Grund dafür, daß Schiffe und Flugzeuge links rote und rechts grüne Lampen haben?

Die Ursprünge dieser Praxis liegen im dunkeln. Wayne Young vom Marinerat des National Research Council nimmt an, daß die Seitenlampen Nachkommen des Systems sind, das ursprünglich für Handbojen eingesetzt wurde. Schon im Jahre 1889 einigte sich die Internationale Marinekonferenz darauf, ein einheitliches Farbsystem einzuführen, das 1936 von einem Unterkomitee des Völkerbundes geändert wurde. Damals wurde das noch heute gültige System von schwarzen Bojen mit grünen oder weißen Lichtern auf der Steuerbordseite und roten Bojen mit roten oder weißen Lichtern auf der Backbordseite eingeführt.

In der Praxis erleichtert dieses Farbsystem der Seitenlampen die Vorfahrtsregeln für Piloten oder Navigatoren, da Farbverbindungen eingesetzt werden, die uns allen von Kindheit an vertraut sind. B. Scott Coe von der Zeitschrift *Sail* erklärt diese Theorie wie folgt:

> Stellen Sie sich eine Kreuzung mit vier Stop-Zeichen vor. Das Schiff auf Ihrer Rechten hat Vorfahrt. Sie sehen seine linke Seite, die ein rotes Licht ausweist. Das bedeutet, Sie bleiben stehen, und der andere fährt. Wahrscheinlich sieht er Ihr grünes

(Steuerbord-)Licht und fährt los. Wenn Sie sich das Boot zu Ihrer Linken ansehen, so können Sie sein grünes Licht sehen. Das bedeutet, daß Sie Vorfahrt haben und er wartet. Wahrscheinlich sieht das Schiff Ihr rotes (Backbord-) Licht und wartet. Eine alte Seemannseselsbrücke lautet: Ist das Backbordrot zu sehn, dann weißt du: Ich bleib stehn.

Die Seitenbeleuchtung ermöglicht es den Flugzeugen und Schiffen, auch im Dunkeln aneinander vorbeizufahren bzw. zu fliegen. Rexford B. Sherman, Leiter der Forschungs- und Informationsabteilung der American Association of Port Authorities, hat uns geschrieben, er glaube,

die Erklärung liegt in den Navigations-Verkehrsregeln, laut derer Schiffe und Flugzeuge einander auf der rechten Seite passieren müssen. So gibt die Position der Lichter eines Schiffes oder Flugzeugs, das von vorne kommt, an, ob man sich im Verhältnis zum Verkehrspartner auf der richtigen Seite befindet.

Natürlich bemühen sich die Fluglotsen, zu verhindern, daß Flugzeuge zu dicht aneinander vorbeifliegen. Doch die Positionslichter, die aus einer erstaunlich großen Entfernung sichtbar sind, machen es möglich, daß ein Flugzeugführer die Flugrichtung eines anderen Flugzeuges selbst erkennt.

Eingesandt von Wally De Vasier aus Fairfield, Virginia.
Gedankt sei außerdem
Andrew Kass aus Staten Island, New York.

125

WAS genau ist der Meeresspiegel? Und wie legt man fest, was er ist?

Extrem sorgfältig. Offensichtlich verändert sich der Meeresspiegel in einer bestimmten Umgebung ständig. Wenn man den Wasserstand des Meeres bei Ebbe und dann noch einmal bei Flut mißt, dann wird das Ergebnis nicht dasselbe sein. Wind und barometrische Veränderungen tun ein weiteres, um den Meeresspiegel zu verändern.

Doch die Meere sind miteinander verbunden, und ihr Höhenunterschied ist relativ gering. Deshalb geben sich Geodäten (Mathematiker, die auf Meßarbeiten spezialisiert sind) und Ozeanographen mit einem ungefähren Wert zufrieden. Da die Feststellung »Wasser verteilt sich immer gleichmäßig« wahr ist, kümmern sich die Geodäten mehr um die zeitlichen Variationen des Meeresspiegels als um die räumlichen. Die Maße werden auf der ganzen Welt genommen, das heißt es gibt nicht einen bestimmten Ort, der über die Lage des Meeresspiegels entscheidet. Ein Meeresspiegel gilt für alle.

Die National Geodetic Society definiert den Meeresspiegel als die Durchschnittslokalisierung des Zusammentreffens zwischen Meer und Atmosphäre über einen ausreichend langen Zeitraum, so daß alle zufälligen und periodischen Variationen eines kurzen Zeitraumes den Mittelwert von Null annehmen. Der U.S. National Ocean

Service hat 19 Jahre als den angemessenen Zeitraum festgesetzt, über den der Meeresspiegel gemessen werden muß, um Variationen auszuschließen; in einigen Fällen werden die Messungen stündlich durchgeführt. Geodäten addieren einfach die Ergebnisse von 19 Jahren zusammen und teilen diese dann durch 19, um den durchschnittlichen Meeresspiegel zu errechnen.
Der Meeresspiegel ist im 20. Jahrhundert beständig angestiegen – im Durchschnitt um mehr als einen Millimeter pro Jahr. Es kam sogar vor, daß der Meeresspiegel um fünf oder sechs Millimeter in einem Jahr gestiegen ist, was zwar nicht zu einer Flutsituation führte, doch ausreichend war, um anzuzeigen, daß der Anstieg der Weltmeere durch das Schmelzen von Gletschern und der Polarkappen bedingt ist. Wenn die Theorien über den Treibhauseffekt korrekt sind, dann wird der Meeresspiegel in der Zukunft um mehr ansteigen als um den sprichwörtlichen Tropfen, der das Faß zum Überlaufen bringt.

Eingesandt von Janice Brown aus Albany, Oregon.
Gedankt sei außerdem
Wendy Neuman aus Plaistow, New Hampshire,
Noel Ludwig aus Littleton, Colorado,
Jay Howard Horne aus Pittsburgh, Pennsylvania,
Charles F. Longaker aus Mentor, Ohio,
und Mrs. Violet Wright aus Hobbes, New Mexico.

126

WARUM herrscht auf Seen mittags stärkerer Wind als morgens oder nachts?

Richard Williams, Meteorologe beim National Weather Services and National Severe Storms Forecast Center, hat tatsächlich bares Geld ausgegeben, um sich unsere Bücher zu kaufen (wir haben doch gewußt, daß wir ihn aus irgendeinem Grund mochten) und in der Vergangenheit schon selbst Fragen eingesandt. Diesmal war er so freundlich, uns das Problem in einem ausführlichen Brief zu erklären.

Williams hebt hervor, daß es mittags nicht nur auf Seen, sondern auch auf dem Festland windiger ist. Doch bei der relativ glatten, offenen Oberfläche eines Sees fällt der Wind deutlicher auf.

Oft ruhen die unteren Schichten der Atmosphäre nachts, während sie tagsüber aktiver und turbulenter sind. Nachts, besonders in einer klaren Nacht, kühlt sich die Erdoberfläche mit den angrenzenden unteren Atmosphäreschichten ab. Die unteren Schichten kühlen schneller ab als die oberen und produzieren so eine stabile Temperatur mit kühler Luft auf dem Boden und mit relativ warmer Luft über der Oberfläche.

Unter diesen Bedingungen findet hundert bis zweihundert Meter über der Erdoberfläche eine Temperatur-Inversion statt. Eine Inversion ist ein vertikaler Bereich, in dem die Temperatur mit zunehmender Höhe steigt, anders als bei normalen Bedingungen, wo die Luft mit zunehmender Höhe abkühlt. Die Inversion dient als Barriere oder Grenze, die die Luft auf der Erdoberfläche von dem höher gelegenen Windstrom trennt. In der Nacht geschieht es häufig, daß eine ruhige oder sehr leichte Luftströmung am Boden aufkommt, obwohl die höheren Winde kaum eine andere Geschwindigkeit haben als tagsüber. Nach Sonnenaufgang erwärmt die Sonne den Boden, sofern es ein sonniger oder zumindest teilweise sonniger Tag ist. In den unteren Schichten der Atmosphäre findet eine warme, turbulente Vermischung statt, und die Inversionsgrenze verschwindet. Wenn das geschieht, kommt es wieder zu einer regulären Luftströmung auf der Oberfläche. Winde, die während der Nacht wahrscheinlich ein- bis zweihundert Meter über der Oberfläche waren, können auch auf dem Boden wieder gespürt werden. Die Zunahme des Windes über Mittag ist über dem Wasser am deutlichsten spürbar, wo es weniger Widerstand gegen den Wind gibt. Es gibt noch einen weiteren Effekt, der an der Küste und über großen Seen eintritt. Auf einer großen Wasserfläche entwickeln sich die örtlichen Windzirkulationen vom Land zum Wasser entsprechend der ungleichen Aufwärmung der Wasser- und Bodenoberfläche. Diese unterschiedliche Aufwärmung am Mittag bringt eine Brise hervor, die vom Wasser zum Land verläuft und demzufolge als Meeresbrise oder Seebrise bekannt ist. Nachts kann eine schwächere Brise entstehen, die vom Land zum Wasser weht: die sogenannte Landbrise.

Eingesandt von C. Loewenson aus New York, New York.

127

WESHALB nimmt Wolle einen spezifischen Geruch an, wenn sie naß wird?

Spezifisch, hm. Eine sehr freundliche Beschreibung für diesen Geruch.
Schafe produzieren Lanolin, ein Sekret der Talgdrüsen, was etwa dem menschlichen Schweiß entspricht. Lanolin sammelt sich in der Wolle und verhindert, daß sie austrocknet. Das ist eine gute Neuigkeit. Die schlechte Neuigkeit ist, daß das Lanolin den spezifischen Schafsgeruch verursacht, wenn Wolle naß wird. Lanolin sollte bei der Bearbeitung der Wolle fast vollständig entfernt werden. Nachdem Wolle geschoren und veredelt wurde, ist der nächste Schritt das Waschen und Entfetten der Fasern. Die Wolle durchläuft mehrere Kämmungen, in denen Pflanzenpartikel und Ähnliches ausgekämmt werden, sowie mehrere Waschungen mit Reinigungsmitteln. Nachdem die Wolle gereinigt ist, wird sie noch mehrfach gespült, wobei das Lanolin entfernt werden soll. Dann wird sie durch Rollen gepreßt und heißluftgetrocknet.
Wenn dieser Entfettungsprozeß nicht ausreicht, bleibt zuviel Lanolin in der Wolle zurück. Sind aber die verwendeten Chemikalien zu scharf, dann kann dies die Qualität der Fasern verschlechtern. Beide Probleme können der Grund sein, warum Wolle riecht.

Wir nehmen an, daß Ihre Frage sich eher auf einen groben Wollpullover als, sagen wir, auf eine Hose aus Schurwolle bezieht. Vertreter von The Wool Bureau und vom American Wool Council hielten beide die in der Wolle enthaltenen Öle für die wahrscheinlichste Erklärung des Phänomens.

Wollöle werden mit Absicht im Herstellungsprozeß nicht vollständig entfernt, da das natürliche Fett das Stricken erleichtert. Die berühmten irischen Wollpullover sind berüchtigte Stinker. Beachten Sie, daß Wollmäntel dieses Problem normalerweise nicht aufweisen, da die modernen Entfettungs- und Bearbeitungstechniken das Lanolin fast komplett entfernen.

Eingesandt von Pierre Jelenc aus New York, New York.

128

WARUM
trägt der Bräutigam die Braut über die Schwelle?

Wenn man bedenkt, wie hoch heutzutage die Häuserpreise sind, dann wäre es unserer Meinung nach angebracht, daß der Makler sowohl die Braut als auch den Bräutigam über die Schwelle ihres neuen Heims trägt. Dieser abergläubische Zauber gegen böse Kräfte geht auf die Römer zurück, die annahmen, daß die Geister im Eingang eines Hauses wohnen. In ihrem Buch *A Treasury of American Superstitions* schreibt Stephanie de Lys, daß die Römer glaubten, gute und böse Geister trügen ihre Meinungsverschiedenheiten an der Schwelle aus. Sie glaubten auch, daß das Böse triumphieren würde, wenn man das Haus mit dem linken Fuß zuerst betrat, wenn jedoch der rechte Fuß Vortritt hatte, das Gute siegte. Warum achten Braut und Bräutigam dann nicht einfach darauf, daß sie ihre Wohnstatt mit dem rechten Fuß zuerst betreten?
Weil die Römer auch ein kleines bißchen sexistisch waren, wie de Lys erklärt: »Der Bräutigam, dem bewußt war, daß eine Frau in einem emotional angeregten Zustand dazu neigt, sorglos zu sein, wollte kein Risiko eingehen, so daß er sie auf den Arm nahm und ins Haus trug.«

Eingesandt von Marge Fener aus Hempstead, New York.

129

WARUM haben Sektflaschen einen »Kragen« aus Alufolie?

Laut Irving Smith Kogan von der Champagne Association hat die Alufolie den Zweck, die wenig attraktiven Drähte zu verbergen, die den Korken im Flaschenhals halten.
Vor der Zeit der Alufolie wurde Blei verwendet, um die Drähte zu verkleiden. Kogan fügt hinzu, daß dreieckige Löcher eingestanzt wurden, um das Blei vor Kondensierung zu schützen.
Selbst heute stanzen Sekt- und Champagnerhersteller dreieckige oder rautenförmige Löcher in die Folie, was nur noch rein dekorative Zwecke hat und zugleich einen Tribut an die Tradition darstellt.
Die Drähte wurden erst ab dem 19. Jahrhundert in der Sektherstellung eingesetzt. Davor wurden die Korken an den richtigen Platz gehämmert und mit handgedrehtem Zwirn abgesichert.
Uns war das Gerücht zu Ohren gekommen, die Folie habe den Zweck, zu vertuschen, daß es ab und zu mal eine Sektflasche gibt, die nicht ganz voll ist. Doch Kogan versicherte uns, daß im Zeitalter des High-Tech und der computergesteuerten Abfüllanlagen der Faux-pas einer nicht komplett gefüllten Flasche sehr unwahrscheinlich ist. Der Sekt wird an derselben Maschine abgefüllt, an der die Flasche auch gleich mit dem Korken verschlossen

wird. Es bleibt also nicht einmal genug Zeit dafür, daß der Champagner wegschäumen oder sich auf andere Art verflüchtigen könnte.

130

WIE kommt es, daß Fingernägel und Haare noch wachsen können, wenn man schon tot ist?

Können sie gar nicht. Doch das hindert diesen alten Mythos nicht daran, sich weiterzuverbreiten.
Hier ist die wahre Geschichte. Aber bitte lesen Sie sie nicht beim Essen. Und vergessen Sie nicht, daß diese Frage nicht unsere Idee war. Wir gehen nur der Wahrheit nach, wo immer wir sie finden.
Das Gewebe einer Leiche trocknet sehr schnell aus. Während die Haut trocknet, schrumpft sie auch, doch die Haare und Nägel ziehen sich nicht so schnell zusammen wie die Haut um sie herum. Wenn zum Beispiel dieselbe Menge Haar einen teilweise geschrumpften oder verdunsteten Schädel umgibt, dann erzeugt dies den Eindruck, als wäre das Haar gewachsen.
Wir haben uns einmal mit dem Direktor eines Beerdigungsinstituts unterhalten, der ernsthaft daran glaubte, daß die Barthaare von Männern auch nach deren Tod weiterwachsen. Was könnte ansonsten der Grund sein, fragte er uns, daß er sie manchmal mehr als einmal vor der Beerdigung rasieren muß? Die Antwort ist natürlich die, daß nicht das Haar gewachsen ist, sondern daß die Stoppeln, die zu dem Zeitpunkt, als der Tod eintrat, nicht zu sehen waren, später, nachdem die Haut geschrumpft war, zum Vorschein kamen.

Die Nagel-Illusion wird dadurch noch verstärkt, daß die Haut um die Finger und die Zehen herum besonders schnell austrocknet, so wie sie auch als erste faltig wird und aufquillt, wenn sie naß wird.
Nicht alle Leichen trocknen auf diese Weise aus. Wenn ein Leichnam an einem feuchten Ort aufbewahrt wird, kann er eine fettige, wachsige Konsistenz entwickeln. Solche Leichen lassen die Illusion vom Wachsen der Haare oder Nägel gar nicht erst aufkommen.

Eingesandt von Loretta McDonough aus Frontenac, Missouri, der es wahrscheinlich leid tut, daß sie die Frage gestellt hat.

131

WELCHEN Zweck hat der weiße Punkt auf dem Frosch des Geigenbogens?

Für diejenigen, die den Begriff nicht kennen: Der Frosch eines Bogens (der zu jedem Streichinstrument gehört) ist jene Schraube, die die Saiten des Bogens zusammen- und an der Stelle von dem Bogen fernhält, an der der Spieler oder die Spielerin den Bogen hält. Heute läßt sich der Frosch einstellen, damit die Spannung der Bogensaiten variiert werden kann, doch ursprünglich war er fest.
Obwohl der Frosch eine äußerst wichtige Funktion innehat, liegt der Zweck des weißen Punktes einzig und allein darin, hübsch auszusehen. Ein Musikliebhaber hat diese dekorative Funktion einst ins Extrem geführt.
Alvin Johnson von der American Musicological Society hat uns folgende Geschichte erzählt:
Henry Ford war ein Exzentriker, und dabei war er reich genug, um sich seine Idiosynkrasien leisten zu können. Ford war ein großer Squaredance-Anhänger, und er pflegte ein Streichquartett von recht virtuosen Fiedlern aus dem städtischen Symphonieorchester zu sich nach Hause einzuladen, damit sie für ihn spielten. Ford und seine Gäste tanzten zu der Musik, die auf vier Stradivari-Geigen gespielt wurde. Ford bestand darauf, einen Diamanten als Dekoration auf den Frosch jeden Bogens zu setzen.

Eingesandt von Garland Lyn aus Winsdor, Connecticut.

132

WARUM gehen Haustüren nach innen auf, während Türen in öffentlichen Gebäuden sich nach außen öffnen?

In Interviews werden wir manchmal gefragt, in wieviel Prozent der Fälle die Fragesteller selbst auch eine Antwort liefern: In weniger als einem Prozent.
Oft kommt es vor, daß die Leser uns auf eine heiße Spur bringen oder uns eine nicht ganz richtige Information geben. Gute Fragen sind ohnehin schwerer zu finden als gute Antworten, und es dauert genauso lange, die Theorie eines Lesers oder einer Leserin zu überprüfen wie selbst nach der Antwort zu suchen. Doch wir können voller Stolz bekanntgeben, daß diese Frage zu dem einen Prozent gehört. Dorothea McGee hat uns die Frage gestellt, und nachdem wir uns mit einigen Architekten beraten haben, können wir sagen, daß ihre Antwort, die unten folgt, richtig war.
Öffentliche Gebäude müssen Türen aufweisen, die sich im Falle eines Feuers oder einer anderen Gefahr nach außen drücken lassen. Wenn eine Menschenmenge in Richtung Ausgang drängt, um nach draußen zu gelangen, muß sie nicht zurückweichen, damit die Tür nach innen geöffnet werden kann. Solche Türen sind sehr teuer und haben versteckte Angeln. Wenn Sie zu Hause in eine Gefahrensituation geraten, dann haben Sie nicht das Problem der Menschenmenge, die auf einmal das

Gebäude verlassen will. Selbst wenn ein Feuer ausbricht, kann die ganze Familie so weit zurücktreten, daß sich die Tür nach innen öffnen läßt.
Doch um große Möbelstücke ins Haus bringen zu können, ist es wichtig, daß die Türen sich leicht aushängen lassen. Um eine solche Haustür auszuhängen, braucht man nur den Stift herauszunehmen, und deshalb muß sich dieser Stift innen befinden, damit es Einbrechern nicht allzu leicht gemacht wird. Architekten haben mir jedoch versichert, daß geschickte Einbrecher die Möbel aus jedem Haus herausbekommen, egal, wie die Tür eingebaut ist.

Eingesandt von Dorothea McGee aus Paterson, New Jersey.

133

WIE kommt es, daß sich die Scherben von zerbrochenem Glas nicht wieder nahtlos zusammensetzen lassen?

Auf diese Frage bekamen wir eine wunderbare Antwort von Harold Blake, der uns schon die eine oder andere Erklärung für Fragen vorangegangener Bände dieser Reihe lieferte. Es ist schön zu wissen, daß Herr Blake, der heute pensionierter Ingenieur ist, noch immer versucht, die Antworten auf die wichtigen Dinge im Leben zu finden.

Hauptargument Blakes ist die Tatsache, daß Glas, obgleich es uns so unflexibel und starr erscheint, außerordentlich biegsam ist und viele unterschiedliche Formen annehmen kann. Wenn Sie einen Ball in eine Fensterscheibe werfen, dann wird das Glas versuchen, sich der Kraft des Balles anzupassen – es wird sich biegen. Doch wenn der von dem Ball ausgeübte Druck über die Grenzen dieser Biegsamkeit hinausgeht, dann zerbricht oder zersplittert das Glas.

An der Stelle, wo das Glas zerbricht, wird die Form verzerrt, doch der Bruch ist glatt – die Teile lassen sich wieder zusammenkleben. Aber sobald Glas splittert, gehen die Teile wieder von dem verzerrten in den unverzerrten Zustand über.

Haben die Teile wieder ihren unverzerrten Zustand angenommen, dann ist der Bruch nicht mehr glatt. Wie

bei einer Beziehung zwischen Menschen: Die Dinge sind nicht mehr dieselben, wenn man einmal miteinander gebrochen hat.
Blake weist darauf hin, daß auch andere scheinbar unflexible Materialien dasselbe Verhalten aufweisen wie Glas. Keramik und Metalle zum Beispiel dehnen sich ebenfalls aus und nehmen dann wieder ihre ursprüngliche Form an.

Eingesandt von Charles Venezia aus Iselin, New Jersey.

134

WARUM ist auf Zahnpasta kein Verfallsdatum angegeben? Wird Zahnpasta nie schlecht?

Nachdem uns ein Anrufer während einer Talk Show im Radio diese Frage stellte, erinnerten wir uns an ein persönliches Erlebnis. Vor einiger Zeit stießen wir in einem Billigladen auf einen großen Sonderposten Colgate-Zahnpasta zu nur 49 Cents die Tube. Da wir uns nichts entgehen lassen, was uns fast geschenkt wird, haben wir mehrere Tuben gekauft. Zu Hause haben wir dann festgestellt, daß die Zahnpasta in Venezuela hergestellt worden war. Die Packungsbeschriftung kam uns nämlich spanisch vor. Natürlich machten wir uns dann Sorgen, wie alt die Zahnpasta wohl sein mochte. Deshalb stapelten wir sie in dem Schränkchen unter unserem Waschbecken im Badezimmer und dachten ein paar Jahre lang nicht mehr daran, bis wir plötzlich feststellten, daß wir keine Zahnpasta mehr im Hause hatten. Auf der Suche nach einer frischen Tube begegneten wir den alten spanischsprachigen Tuben. Wie gefährlich wäre es, diese Zahnpasta zu benutzen? Auf der Tube war kein Verfallsdatum auszumachen. Wir öffneten den Verschluß. Die Zahnpasta roch ganz normal. Wir hatten an diesem Abend eine gesellschaftliche Verpflichtung und überdachten die Alternativen. Was war wichtiger: unsere Gesundheit oder frischer Atem?

Natürlich haben wir unsere Zähne mit der alten Zahnpasta geputzt. Und es überlebt.
Viele Lebensmittel und alle Medikamente tragen ein Verfallsdatum. Aber Zahnpasta zählt weder zu den Lebensmitteln noch zu den Medikamenten. Was ist es nun aber genau? Wenn man Glück hat, ein effektives Mittel zur Pflege und zum Erhalt der Zähne! Ganz klar.

Sowohl Colgate als auch Crest haben uns versichert, daß Zahnpasta nicht verdirbt. Der Geschmack mag sich mit den Jahren leicht verändern (obwohl das bei der Colgate-Zahnpasta nicht der Fall war), doch als Vorbeugung gegen Karies bleibt sie effektiv.

135

WARUM werden Äpfel und Birnen so schnell braun, wenn sie geschält sind?

Unsere Theorie zu dieser Frage ist ganz einfach. Lehrer, Eltern und Ernährungsberater hämmern uns immer wieder ein, daß die Schalen der Früchte am besten für uns sind, voller Vitamine und Ballaststoffe. Die Natur greift ein, indem sie die Früchte braun werden läßt und uns so die Vorteile der Schale klar macht – wer wird einen Apfel schälen, wenn man dann mit einer häßlichen fleckigen Frucht dasteht?

Aber Pomologen (die sich der Obstbaukunde widmen) bestehen auf einer technischeren Erklärung. Die Farbveränderung bei Früchten, einschließlich Pfirsichen, Aprikosen und Bananen sowie Äpfeln und Birnen, geschieht durch Oxidierung. Der Katalysator für die Oxidierung ist ein Enzym namens Polyphenoloxidase.

John B. Williams von California Apple Products teilte uns mit, daß Polyphenoloxidase in allen zuckerhaltigen Obstsorten vorkommt: Die Menge dieses Enzyms bestimmt, wie schnell die Frucht braun wird. Die Schale der meisten Obstsorten läßt nicht zu, daß Sauerstoff in ausreichenden Mengen eindringt, um so als Katalysator für das Enzym zu funktionieren. Bananenschalen sind allerdings poröser als die Schalen von Äpfeln oder Birnen, so daß Sauerstoff in die Banane eindringen kann, obwohl sie noch von einer Schale umgeben ist. Die kräftigere Apfelschale erlaubt keine Farbveränderungen, es sei denn, sie wird beschädigt oder eingeschnitten.

Eingesandt von Launi Rountry
aus Brockton, Massachusetts.
Gedankt sei außerdem
Debby Birli aus Richmond Heights, Ohio.

136

WARUM
soll man nur kaltes Wasser in eine Kaffeemaschine geben und nie heißes?

Da Kaffeemaschinen Wasser schließlich auf etwa 90° C erhitzen, also heißer, als das Wasser jemals aus dem Hahn kommt, ist es unverständlich, warum es einen Unterschied machen soll, ob man warmes oder kaltes Wasser in die Kaffeemaschine gibt. Alle Kaffee-Experten, die wir befragten, sagten einhellig: Der einzige Grund, warum man kaltes Wasser in die Kaffeemaschine gießen soll, ist der, daß der Kaffee dann besser schmeckt. Heißes Wasser hat die Tendenz, fahl und farblos zu schmecken. Heißwasser-Leitungen sind meist korrodiert, so daß das heiße Wasser diesen speziellen Geschmack annimmt. Kaltes Wasser hingegen ist in der Regel voller Sauerstoff und begehrenswerter Mineralien, so daß im Endeffekt ein schmackhafterer Kaffee dabei herauskommt.

Eine Faustregel der Kaffeeindustrie besagt, daß Sie kein Wasser in Ihre Kaffeemaschine gießen sollten, das Sie nicht auch pur trinken würden. Laut der National Coffee Association of U.S.A. erzielt man mit Wasser, das mit Zeolith enthärtet wurde, ein besonders schlechtes Ergebnis, wenn man es zum Aufbrühen von Kaffee verwendet.

Eingesandt von Reverend Dale Huelsman aus Wellington, Ohio.

137

WARUM *haben manche Apfelsinen eine kleine Extra-Frucht?*

Die meisten Apfelsinen haben keine Extra-Frucht. Der Fachbegriff für dieses kleine Anhängsel lautet Sekundärfrucht. Sie ist, neben der Kernlosigkeit und einem sichtbaren Nabel oder Zentrum, eines der genetischen Charakteristika der Navel-Orangen (die so heißen, weil das englische Wort *navel* Nabel bedeutet).

Catherine A. Clay, Mitarbeiterin in der Informationsabteilung des Florida Department of Fruit, hat uns erklärt, wie es zu diesem zusätzlichen Apfelsinenstückchen kommt:

> Jede Zitrusfrucht entwickelt sich aus einer Blüte; jede Blüte verfügt über zwei Anlagen mit Fruchtknoten. Bei vielen Zitrussorten entsteht die Frucht nur um den primären Fruchtknoten herum; der sekundäre Fruchtknoten ist dabei ausgeschlossen. Bei den Navel-Orangen und bei einigen Mandarinensorten jedoch wächst die Frucht über beide Fruchtknoten. Das kegelförmige Anhängsel oder die Sekundärfrucht im Nabel ist eigentlich ein unentwickelter Zwilling der Primärfrucht. Die Sekundärfrucht entwickelt sich nie zu einer vollen Frucht.

Sekundärfrüchte finden sich auch bei einigen Grapefruitsorten und anderen Zitrusfrüchten.

Navel-Orangen, die in feuchten, subtropischen Klimazonen wie zum Beispiel in Florida, in der Karibik und in einigen Teilen Südamerikas wachsen, weisen einen größeren Nabel und größere Sekundärfrüchte als diejenigen auf, die aus kälteren Klimabereichen mit kühleren Wintern kommen (zum Beispiel aus Kalifornien, Süd-Australien und Israel). Die größere Öffnung des Nabels der Apfelsinen aus Florida kann bei der Kultivierung zu Problemen führen, da sie ein angenehmer Nistplatz für Insekten, Milben und Pilze ist. Selbst wenn diese Schädlinge durch die kleine Frucht eindringen, können sie bis zur Primärfrucht gelangen und diese beschädigen.

Eingesandt von Jim Scars aus Belton, Missouri.

138

WIE funktionieren Geburtstagskerzen, die von selbst wieder angehen, nachdem man sie ausgeblasen hat?

Michael DeMent, Sprecher der Firma Hallmark, hat uns erzählt, daß die Dochte ihrer Puff Proof (R)-Kerzen mit Magnesiumkristallen behandelt sind. Die Kristalle bewahren ausreichend Hitze, um den Docht wieder zu entzünden, nachdem die Kerzen ausgeblasen wurden. Da die Dochte, die mit Magnesium bearbeitet werden, die Hitze so gut speichern, empfiehlt Hallmark, die Kerzen in Wasser zu tauchen, wenn man sie endgültig löschen will.

Eingesandt von Angel Rivera und Dodde Stark aus Atlantic Highlands, New Jersey.

139

WARUM verdirbt Honig nicht?

Wie viele Lebensmittel fallen Ihnen ein, die nicht verderben, ohne eine ellenlange Liste von Bestandteilen aufzuweisen, deren komplizierte Namen aus mindestens vier Silben zusammengesetzt sind? Bienen sind vielleicht unangenehme kleine Insekten, aber sie wissen offensichtlich, wie man ein haltbares Produkt herstellt.

Der allerwichtigste Grund, warum Honig nicht verdirbt, ist sein hoher Säureanteil. Gewöhnliche Pilze oder Bakterien können in dieser sauren Umgebung einfach nicht überleben.

Laut Dr. Richard Nowogrodzki vom Office of Agriculture an der Cornell University besitzt Honig einen sehr hohen osmotischen Druck, was bedeutet, daß fremde Mikroorganismen, die in den Honig eindringen, schnell Wasser verlieren. Pilze trocknen buchstäblich aus und sterben. Nowogrodzki hat hinzugefügt, daß nur eine einzige Pilzgruppe, die osmophilen Hefesorten, zwar in Honig überleben kann, doch diese Pilze können nur dann wachsen und verderblich wirken, wenn der Wassergehalt sehr viel höher ist als bei Honig üblich.

Um ihren Honig auch dann vor Pilzen zu schützen, wenn die Luftfeuchtigkeit steigt, geben Bienen dem Nektar noch ein Enzym zu (Glukoseoxidase), wenn sie ihn in Honig verwandeln.

Nowogrodzki erklärt:

> Dieses Enzym bleibt im Honig inaktiv, es sei denn, der Honig wird verdünnt; in verdünntem Honig katalysiert das Enzym eine Reaktion, die einen Teil der Glukose in Glukonsäure verwandelt (und somit den Säureanteil des Honigs noch erhöht) und in Wasserstoffperoxid, das ein gebräuchliches Desinfektionsmittel im Haushalt ist und Bakterien und Pilze tötet (einschließlich der osmophilen Hefe).

Honig verdirbt durch Fermentierung. Wenn die zuckerfreundlichen Pilze auf den Zucker im Honig reagieren, entstehen Alkohol und Kohlendioxid. Honig verdirbt am ehesten dann, wenn er körnig geworden ist, weil die Flüssigkeit, die im nicht-granulierten Honig verbleibt, zuviel Wasser enthält. Da sich Honig-Pilze nicht unter einer Temperatur von 11° C entwickeln, ist es am sichersten, den Honig bei 10° C oder noch niedrigeren Temperaturen aufzubewahren, um zu verhindern, daß er körnig wird.

Es ist seit langer Zeit bekannt, daß Fermentierung verhindert werden kann, wenn der Wassergehalt von Honig unter 17 Prozent liegt oder man den Honig eine halbe Stunde lang auf etwa 60° C erhitzt.

Eingesandt von Douglas Watkins, Jr.,
aus Hayward, Kalifornien.
Gedankt sei außerdem
Robert M. Chamberlin aus Rochester, Minnesota,
und Cary L. Chapman aus Homeland, Kalifornien.

140

WAS passiert mit den Papierresten, die beim Ausstanzen der Briefmarken übrigbleiben?

Unser Briefpartner hat hinzugefügt, daß er 32 Jahre lang für die Post gearbeitet hat, 1979 pensioniert wurde und nie eine Antwort auf diese Frage bekommen hat. Wir freuen uns darüber, daß wir die Antwort gefunden haben. Jetzt können Sie Ihren Ruhestand in Frieden genießen. Peter G. Papadopoulos von der Stamp Administration and Advisory Branch des United States Postal Service hat uns mitgeteilt, daß diese Papierreste während des Stanzvorgangs mit einer Art Staubsauger aufgesaugt und im Anschluß daran mit anderen Papierresten vernichtet werden, worüber die Umweltschützer sicher nicht sehr glücklich sind.

Eingesandt von J. J. Feuhrer aus San Diego, Kalifornien.
Gedankt sei außerdem
Dwight Siemens aus Clovis, Kalifornien.

141

WAS geschieht mit dem Wachs von nicht-tropfenden Kerzen?

Es verbrennt und geht in die Flamme selbst ein. Es gibt 67 verschiedene Arten von Paraffin, von extrem weichem (mit Schmelzpunkten, die bei sehr niedriger Temperatur liegen) bis extrem hartem (mit hoher Schmelztemperatur). Gewöhnliche Kerzen haben einen niedrigen Schmelzpunkt und können schon von der Sonne zum Schmelzen gebracht werden.

Nicht-tropfende Kerzen werden aus hartem Paraffin und längeren Dochten hergestellt, so daß das Wachs nicht in direkten Kontakt mit der Flamme kommt und das Wachs um den Docht weder schmilzt noch tropft.

Eingesandt von Chuck und Louisa Keighan aus Portland, Oregon.
Gedankt sei außerdem Stephen J. Michalak aus Myrtle Beach, South Carolina, Mike Hutson aus Visalia, Kalifornien, Richard Roberts aus Memphis, Tennessee, und Beth Kennedy aus Exeter, New Hampshire.

142

***WARUM* ist der Temperaturunterschied zwischen 24 und 27 Grad im Wasser deutlich spürbar, während ein Unterschied von drei Grad in der Luft kaum wahrgenommen wird?**

Wasser leitet Wärme sehr viel besser als Luft. Wenn das Wasser in einem Schwimmbecken kälter ist als die Körpertemperatur, dann entzieht das Wasser unserem Körper schon nach kurzer Zeit Wärme. Liegt die Temperatur des Wassers allerdings über der unseres Körpers, wie es zum Beispiel bei einem heißen Vollbad der Fall ist, dann überträgt es ebenso schnell Hitze auf den Körper. Temperaturunterschiede zwischen der Luft und unserem Körper werden nach demselben Prinzip ausgeglichen, aber die Übertragung der Wärme in die eine oder die andere Richtung dauert bei Luft sehr viel länger. Richard A. Anthes, Präsident der University Corporation for Atmospheric Research, betonte: »Es ist die Geschwindigkeit der Wärmeleitung, die uns die Dinge als warm oder kalt empfinden läßt.«

Eingesandt von Glenn Worthman aus Palo Alto, Kalifornien.

143

WAS passiert, wenn man den Rückspiegel des Autos von normal auf Abblende umstellt? Warum sieht man nur die Lichter, wenn der Spiegel sich in der Abblendstellung befindet?

Die beste Erklärung, die wir für diese Frage finden konnten, hat uns Thomas J. Carr geliefert, Direktor für Sicherheit und internationale technische Angelegenheiten bei der Motor Vehicle Manufacturers Association of the United States, die Chrysler, Ford, General Motors, Honda of America, Navistar International, Paccar und Volvo North America vertritt. Carr mußte uns hinsichtlich der Reflexionsqualitäten von Glas enttäuschen, doch wir sind es ja schon gewohnt, daß die Erklärung gewisser Phänomene uns oft unserer kindlichen Unschuld beraubt:

> Wenn sich der Rückspiegel in der normalen Position befindet, dann sieht man das Bild auf der reflektierenden Schicht, die die Rückseite des Glases bedeckt. Tatsächlich aber fällt das optische Bild durch das Glas hindurch bis zu der hocheffizienten Beschichtung und dann wieder zurück zum Betrachter. Etwa 80 Prozent des einfallenden Lichts wird reflektiert, wenn der Spiegel die Normalstellung einnimmt.
>
> Wenn der Spiegel sich in der Abblendstellung befin-

det, wird die reflektierende Beschichtung, die in der Normalstellung zum Tragen kommt, weggekippt, so daß allein die Vorderfläche des Spiegelglases als Reflektor dient. Da Glas ein sehr viel weniger effizienter Reflektor ist, erreichen nur etwa 4 Prozent des einfallenden Lichts das Auge des Betrachters. In dieser Position wird also viel weniger Licht übermittelt, so daß der größte Teil des Hintergrunds, der Hinweise darauf liefert, wo sich das hintere Fahrzeug befindet, verlorengeht. Sie sehen nur noch die Lichter und vielleicht die Konturen dieses Fahrzeugs.

Eingesandt von Kevin A. Shaw aus Cincinnati, Ohio.
Gedankt sei außerdem
Susan Irias aus River Ridge, Louisiana,
und Michelle Madsen aus McMinnville, Ohio.

144

WARUM befindet sich der Heißwasserhahn links und der Kaltwasserhahn rechts?

Dieses weltbewegende Phänomen rangiert zweifelsohne unter den »Top Ten« der meistgestellten Fragen. Doch sie zeichnet sich noch durch eine weitere Besonderheit aus. Es ist die erste Frage, die wir jemals aus unserem Karteikasten der nicht zu beantwortenden Fragen haben wiederauferstehen lassen. In der Vergangenheit mußten die meisten Installationsexperten passen, wenn wir sie mit dieser Frage konfrontierten. Das war schon immer so, antworteten sie. Der Wasserhahn muß doch auf der einen oder auf der anderen Seite sein, oder? kommentierten die weniger Geduldigen. Da wir nicht daran glaubten, je eine Antwort zu bekommen, strichen wir diese Unerklärlichkeit von unserer Liste und nahmen an, die Frage würde auf ewig unbeantwortet bleiben. Dann, eines Abends, stellte ein Anrufer bei der Ray Briem Show in Los Angeles diese Frage zum achtmillionsten Mal. Wir zuckten buchstäblich mit den Schultern. Doch dann rief ein Klempner vom platten Land an und brachte seinen Unglauben zum Ausdruck, daß wir die Antwort nicht kannten. Hier eine kurze Zusammenfassung seiner Erklärung:

> Ihr Grünschnäbel, erinnert ihr euch denn nicht mehr an die Zeit, als es so etwas wie einen Warm-

wasserhahn noch nicht gab? Die Wasserhähne, aus denen nur kaltes Wasser kam, hatten den Drehknopf auf der rechten Seite. Warum auch nicht? Die meisten Menschen sind schließlich Rechtshänder. Als heißes Wasser eingeführt wurde, war es sinnvoll, den Hahn für das kalte Wasser rechts zu lassen und den für das heiße links anzubringen.

Hört sich überzeugend an. Der anonyme Installateur fügte hinzu, daß er bei seiner Arbeit bis heute auf Wasserhähne trifft, die nur kaltes Wasser ausspucken – und der Drehknopf befindet sich immer auf der rechten Seite.

Wir riefen umgehend unsere zuverlässigen alten Installationsexperten an, um die Geschichte des Klempners bestätigen zu lassen, und sie gaben zu, daß sich das durchaus plausibel anhört. Doch da schon lange keine Wasserhähne mehr hergestellt werden, aus denen nur kaltes Wasser kommt, können wir nicht beweisen, daß seine Antwort tatsächlich die ganze Erklärung ist . . .

Eingesandt von Josh Gibson aus Silver Spring, Maryland.
Gedankt sei außerdem
Kyle Tolle aus Glendale, Arizona,
Mike Ricksgers aus Saxonburg, Pennsylvania,
Tom Pietras aus Battle Creek, Michigan,
Ted M. O'Neal aus Wilmington, North Carolina.
Gina Guerrieri aus Shawnee, Oklahoma,
Jean Harrington aus New York, New York,
Oree C. Weller aus Bellevue, Washington,
und vielen anderen.